Bioenergética e biossíntese

CIP-BRASIL. CATALOGAÇÃO NA PUBLICAÇÃO
SINDICATO NACIONAL DOS EDITORES DE LIVROS, RJ

Z67b

Zink, Liane
　　Bioenergética e biossíntese : histórias clínicas mundo afora / Liane Zink. - 1. ed. - São Paulo : Summus, 2025.
　　288 p. ; 24 cm.

　　Inclui bibliografia
　　ISBN 978-65-5549-170-8

　　1. Psicoterapia bioenergética. 2. Corpo e mente (Terapia). I. Título.

25-98742.0　　　　　　　　　　　　　　　　　CDD: 615.851
　　　　　　　　　　　　　　　　　　　　　CDU: 616.8-085.851

Meri Gleice Rodrigues de Souza - Bibliotecária - CRB-7/6439

www.summus.com.br

Compre em lugar de fotocopiar.
Cada real que você dá por um livro recompensa seus autores
e os convida a produzir mais sobre o tema;
incentiva seus editores a encomendar, traduzir e publicar
outras obras sobre o assunto;
e paga aos livreiros por estocar e levar até você livros
para a sua informação e o seu entretenimento.
Cada real que você dá pela fotocópia não autorizada de um livro
financia o crime
e ajuda a matar a produção intelectual de seu país.

Bioenergética e biossíntese

Histórias clínicas mundo afora

Liane Zink

summus
editorial

BIOENERGÉTICA E BIOSSÍNTESE
Histórias clínicas mundo afora
Copyright © 2025 by Liane Zink
Direitos desta edição reservados por Summus Editorial

Editora executiva: **Soraia Bini Cury**
Projeto editorial e textos: **Marleine Cohen**
Revisão técnica: **Maya Hantower**
Revisão: **Michelle Campos**
Projeto gráfico: **Paula Ruscio**
Diagramação: **Natalia Aranda**
Capa: **Delfin [Studio DelRey]**
Foto de capa: **Naveen Chellaiah**
Imagens: **Freepik/DepositPhotos/Istock/Vecteezy**

Summus Editorial
Departamento editorial
Rua Itapicuru, 613 – 7º andar
05006-000 – São Paulo – SP
Fone: (11) 3872-3322
http://www.summus.com.br
e-mail: summus@summus.com.br

Atendimento ao consumidor
Summus Editorial
Fone: (11) 3865-9890

Vendas por atacado
Fone: (11) 3873-8638
e-mail: vendas@summus.com.br

Impresso no Brasil

Dedico este livro ao meu neto Thomas Koelle-Zink,
ele também um viajante sem fronteiras.

Sumário

Prefácio — *Rubens Kignel* 9

Apresentação — *Carlos Briganti* 13

Prólogo 21

I — Passaporte para o mundo 23

Minha viagem pela terapia corporal 24

Sempre em movimento 34

A cigarra e a formiga 40

Liberdade e autoconhecimento 46

No Japão, a delicadeza dos vínculos 54

Rússia, um hino à pátria 70

Na Ucrânia, o elo que se perdeu 84

Israel: o deserto arado 96

Alemanha, um ato de resiliência 110

Portugal, tão triste quanto um fado 132

Espanha, reino da ousadia 146

Argentina, tango e vanguarda intelectual 160

II — Fundamentos do trabalho clínico 173

Como tudo começou 175

Evolução do conceito de sexualidade 181

O universo do bebê 186

A teoria das estruturas de caráter 191

Lowen: méritos e limitações 194

Um passo adiante, à luz das ideias de Boadella 199

De Lowen a Boadella: uma abordagem atual 203

III — Como eu faço? 207

Diversidade cultural e caracterologia 208

A compreensão do foco no processo terapêutico 211
Sonho, corpo e desejo. 216
Como podemos trabalhar sonhos? 219
Transferência e contratransferência 220
A importância da leitura corporal 224
Uma bússola para orientar a história de um corpo 228
A composição de uma paisagem de si. 231
Música como ferramenta de trabalho 234
Algumas propostas de exercícios 238

Meus companheiros de viagem. 246
Posfácio. 269
Glossário. 275
Referências 279

Prefácio

" Liane sempre se apresentou como uma terapeuta clínica, e é disso que trata este livro. Mas não falamos aqui de uma clínica tradicional, onde o terapeuta aguarda seus pacientes no consultório, numa cidade de sua escolha: nada contra, mas é importante diferenciar. Liane trabalha com indivíduos, grupos de terapia e grupos de formação. A partir de Wilhelm Reich, o campo social passou a ter uma importância fundamental na psicoterapia corporal. Liane soube levar sua clínica e suas aulas até outras culturas, ao redor do Brasil e do mundo, desbravando novos mares e novos ares. Isso só é possível com conhecimento do ser humano, do corpo objetivo comum a todos e do corpo subjetivo com suas características ligadas a cada sociedade. Nisso ela se tornou uma especialista, como veremos ao longo do texto do livro.

Nossa história começa um pouco depois do meu regresso de Londres, onde tive uma formação de cinco anos em Psicologia, no segundo semestre de 1980. Vim direto para São Paulo, minha cidade natal. Aqui chegando, imediatamente comecei a procurar contatos na área de psicologia reichiana, para poder desenvolver meu trabalho.

Um dos meus contatos era a psicoterapeuta e professora Anna Veronica Mautner, que comandava um curso de Psicologia Reichiana no Sedes Sapientiae e tinha sua clínica particular, onde atendia pacientes e grupos de supervisão.

Entre as profissionais que tinham supervisão com Anna Veronica estava Liane, que eu ainda não conhecia.

Acabei conhecendo-a de maneira curiosa. Anna Veronica me disse, um dia, que conhecia uma psicoterapeuta que era um "fenômeno", um foguete cheio de energia.

Encaminhou-me a Liane, para que eu tentasse "ajudá-la a encontrar uma autorregulação através da massagem biodinâmica" (palavras da Anna), e lhe proporcionasse uma experiência psicoterapêutica nova.

Assim, recebi a Liane em meu consultório para algumas poucas sessões, durante as quais foi possível analisar questões importantes. Depois de interrompermos o processo, ficamos próximos por conta dos grupos de supervisão da Anna Veronica e amigos.

Já naquela época, Liane era de fato um "fenômeno": interessava-se pelas mais variadas abordagens em psicoterapia corporal e psicanálise e trabalhava muito. Foi crescendo e nos aprimoramos juntos, com muito trabalho pela frente.

Acabamos participando do mesmo grupo de formação em psicoterapia biossíntese, o primeiro do Brasil, criado pelo psicoterapeuta e pedagogo inglês David Boadella, que eu já conhecia bastante bem por causa da minha formação em Londres.

Foram cinco anos de formação juntos. Ali desenvolvemos uma amizade profunda e vários projetos, entre os quais criar uma escola de formação em São Paulo. Assim fizemos, estimulados pela energia da Liane, que empurrava todos para a frente.

A "mulher alada" começou a tomar forma através de seus voos em terra, pois, curiosamente, naquela época ela tinha muito medo de viajar de avião.

Uma vez, viajamos a trabalho para a Europa. Entramos no avião, nos sentamos e percebi que a Liane estava tensa — mas não um pouco tensa. O avião levantou voo e durante todo o trajeto ela se contraía e tremia na poltrona. Eu lhe dei a mão, ela a apertou com força, o avião decolou, mas ela não largou a minha mão. Depois que a aeronave ganhou voo de cruzeiro, ela relaxou um pouco, mas o medo persistia.

Em determinado momento da viagem, eu a convidei para dar um passeio pela aeronave, e assim fomos caminhando. Ela foi relaxando e aprendendo a conhecer um avião e ter uma certa confiança no piloto e na aeronave. Relaxou.

Depois daquele voo, ela não parou mais. Foi em frente: a jato, o mundo se abriu como um leque e Liane foi ocupando os espaços como professora, psicoterapeuta e aluna. Realizamos muitos trabalhos juntos, no Brasil, na Argentina e em vários outros países. Ela descobriu que era bom viajar com alguém ao lado e levou muitos alunos para participarem de seus trabalhos no exterior.

Depois de muitos anos, como é natural, cada um de nós fez suas próprias escolhas e foi trilhar seu caminho.

Penso que era importante situar essa introdução numa história verdadeira, pois o que Liane retrata neste livro é o curso da sua carreira, desde o início, uma fase da qual me orgulho de ter participado.

Ela vai dissecando suas aventuras no campo da psicoterapia corporal e compartilhando suas experiências pessoais em cada país por onde passou. Algumas vezes, eu me enxerguei ao lado dela durante o relato em alguns países, congressos ou eventos.

Mais que isso, Liane evoca detalhadamente sua vivência íntima no seio de diversas culturas, sem se furtar diante das dificuldades, dos desafios do sucesso e das derrotas.

Pessoalmente, sei quanto é difícil para um brasileiro se aventurar como professor no estrangeiro. Liane fez isso com maestria e apresenta essa história também com maestria: tudo isso é muito bem-vindo no nosso campo profissional, para que sirva de inspiração a outras pessoas.

Liane se tornou uma liderança ativa no movimento das psicoterapias corporais, uma pioneira. Este livro é lançado em boa hora, contempla a carreira da autora e valida em ressonância vários colegas que a acompanharam nesse percurso: quanto a mim, me sinto orgulhoso de ser um deles.

Sem dúvida, esta é uma leitura indispensável tanto aos psicoterapeutas jovens como aos experientes.

Sempre em frente, sem negar o passado, seguimos voando juntos na imensidão do universo. Bom divertimento e aprendizado a todos. **,, ,,**

Rubens Kignel
Professor, psicoterapeuta, palestrante e pesquisador

Apresentação

" Escrever sobre Liane Zink, além de ser um prazer, é responsabilidade que aflige memórias decanas juntas. O convite que fez para essa edição de sua vida carrega uma mistura de afetos. Por onde começar essa pequena introdução? As lembranças têm o privilégio de recordar Mnemósine, a deusa da Memória.

Trabalhávamos em nossos consultórios em São Paulo e fundamos uma instituição de ensino, Ágora, a praça habitada por todos aqueles que desejavam viajar em nossos conhecimentos e dúvidas.

O Ágora criou raízes aéreas, não se fixou em um único local. Regina Favre, nossa companheira de jornada, e nós dois construímos Ágoras em inúmeros estados e cidades brasileiras.

Não mais sonhávamos.

Havíamos gerado um espaço democrático do conhecimento. Privilegiávamos as dúvidas. Distantes da ortodoxia, os debates nunca cessaram.

Liane sempre empunhou a bandeira da saudável transgressão. Não se acomodava em nenhum instante, viajava e sonhava, criava espaços nunca ousados.

Liane e eu iniciamos uma aventura sem bússola. Ela, que naqueles momentos morava em Munique, me convidou para participar de um *workshop* na Alemanha, com um grupo de imigrantes espanhóis que estariam em dificuldades adaptativas.

Embarcamos nas asas da Lufthansa. Não sabíamos que essa espaçonave seria nosso Uber nos vinte anos que se seguiriam.

Estacionamos em Paris. E lá encontramos nossa querida amiga Olinda Fertonani e seu namorado francês, o gentil e incomparável Mallo. Desfrutamos momentos de alegria, descobertas e amizades. Mallo, velho parisiense jovem, nos mostrou uma boêmia parisiense que Woody Allen décadas após ressuscitaria.

Estávamos em acordes iniciais. Desbravamos um continente desconhecido, mal sabíamos o que nos aguardava, invadimos ousadamente um território de erudição e cultura. Afinal, éramos jovens latino-americanos orgulhosos. Fomos adentrando um espaço privilegiado, reconhecemos uma trajetória distante da turística.

Liane, energética antes de tudo, encaminhou nosso início de caminhada em direção ao Louvre.

E quando subimos as escadarias do Museu, aconteceu um momento de transpiração e de emoção. Nos deparamos com Vitória de Samotrácia.

A escultura da mensageira de Zeus, aquela que anunciava as vitórias das batalhas, voava com suas asas, sem cabeça. Liane viveu seu momento sem espaço e tempo. Atemporal, ela se identificou com a força daquela deusa, porta-voz divina dando primazia ao corpo alado.

Esse acontecimento previa a jornada de Liane. E a transformaria na reconhecida terapeuta corporal internacional.

Vitória representava o destino de Liane. Aquela magnífica obra de arte, esculpida em mármore, lhe indicava seu destino profissional. Vitória continuaria nas asas de Liane, enviando mensagens vitoriosas.

Essa estátua decepada rolou sua cabeça em direção ao corpo. O corpo pensante. O corpo mnêmico. O corpo de vida. Corpo histórico. Corpo erótico. As asas incorporadas anunciavam outro movimento profundo em Liane: seu caminho de alma, a busca de uma dimensão maior que o próprio corpo.

Ousada, ela procurava compreender o incompreensível. Mergulhou nas meditações em busca, na espiritualidade em percurso, na quarta dimensão em ausência.

Liane se constituía numa obra de pensar o corpo e voar em direção ao desconhecido.

Fomos para Munique, onde outra amiga nos aguardava, Mara Hermann, que nos amparou em nosso desvirginamento terapêutico germânico.

Óbvio que os espanhóis não apareceram e óbvio que fizemos o nosso primeiro *workshop* em território alemão com um grupo de professores, residentes e psicólogos alemães.

E demos início à criação, sob a maestria freudo--reichiana, de nova sinfonia.

Sim, Liane e eu tivemos a mesma paternidade e maternidade terapêutica. Acasos necessários. Os primeiros pais na constituição de nosso Sujeito. Os imortais Emilio Rodrigué e Martha Berlim geraram uma possibilidade de vida. Não há gratidão possível de ser paga a esses notáveis astronautas do conhecimento, humanidade, saber, ética e trabalho.

Emilio e Martha nos guiaram em direção ao máximo conhecimento possível de nós mesmos. Foram, além de guias, tutores de uma possibilidade de vida saudável e alegre.

Em nossos trabalhos em múltiplos e diferentes grupos de pacientes, alunos, transformávamo-nos em dançarinos cegos, não havia necessidade de olhar. Liane, em sua volúpia intuitiva, regia com a força dos não inocentes. E eu respondia ao iniciado.

E assim bailamos, fazíamos do trabalho uma alegria que se transformaria em tratamentos em busca da saúde.

Sempre privilegiamos o potencial humano do outro, qualquer outro.

Misturávamos nossas qualidades, virtudes e defeitos e nascia a dupla argonáutica. Talvez, nada mais que talvez, uma cópia destinada dos pais. Por que não? Liane se destacava em sua performance, era primeiro violino notável.

Samotrácia, alegre em sua escolha. E sob a inquietude *lianesca*, abriram-se portas por toda uma Europa possível.

Os países iam acontecendo com normalidade, além de espantosa, arquitetada em trabalho e ética.

Esse movimento era regido em inglês. O coração tupiniquim nunca esquecido. Orgulhosos de nossas raízes, respeitando raízes alheias. E desse encontro radicular brotou um rizoma sem início ou fim, sem chefia ou submissão; eram gramados infindos de conhecimento, trabalho e curas acontecidas sem medidas.

Os grupos de alunos, pacientes, iam se multiplicando. E, de repente, não havia mais uma pedra no caminho. Liane demoliu incômodos, invejas.

Liane não perdia tempo com palavras vazias. Era dedicada aos extremos cuidados dos alunos e pacientes.

Esse trabalho de Liane dá frutos até hoje. Sua memória afetiva, do conhecimento, que participa com outros, dá frutos imortais. Os alunos, pacientes e amigos de diferentes culturas, religiões, construíam essa territorialidade.

Falávamos pelos cotovelos e silenciávamos em não raros sofrimentos e dores, depois não mais que de repente alegria e amor e trabalho ressurgiam sem mágoas. Nunca houve ressentimentos entre nós.

Assim foi acontecendo com alemães, checos, russos, italianos, suíços...

As indicações aconteciam e as asas batiam forte em direção ao desconhecido.

Liane envolvia o trabalho em organicidade neorreichiana, em percepção de uma biossíntese abraçada, enlaçadas em particular aspiração ao divino.

Liane questionava, debatia, exigia, ensinava, tratava, e nós remávamos.

Sob essa incandescente jornada, nos comportamos como a natureza. Às vezes, harmonia de céu de brigadeiro, outros tsunamis, outras calmarias escaldantes, outras chuvas infindas.

Atravessamos as florestas de Drácula, jantamos na ponte de uma Praga ainda habitada por invasores russos, atravessamos uma Alemanha Oriental de torres em metralhadora e arames farpados, Munique virou cidade natal, cantamos "Sole Mio" em Nápoles, ouvimos os gritos dos centuriões nas noites romanas, Bratislava acontecia em Mozart, o primeiro show de rock em Brno, a queda do muro em Berlim, a Viena de Freud…

Isso mesclado com uma quantidade de grupos de trabalhos contínuos e constantes.

Organizamos os *workshops* e criamos Ágora Tedesco. Ágora Zentrum. Os alunos surgiam de recantos escondidos ou não da notável envelhecida Europa.

Já não éramos mais duas crianças deslumbradas. Éramos reconhecidos como professores e terapeutas.

Corríamos a Zurique para recebermos sessões com David Boadella.

Corríamos para jantar ao lado do Coliseu com o notável terapeuta Francesco Dragotto e o grupo de italianos maravilhosos que ensinavam, cantavam e dançavam.

Infindas recordações…

Afinal, vinte anos de trabalho conjunto privilegiado.

Como apresentar a guerreira, terapeuta, defensora das mulheres, líder de movimentos que justificam a existência?

Enquanto escrevo, saltito de um canto para outro, acompanhando as pegadas emaranhadas e marcadas de luta, suor, cansaço, estudo e dedicação infinita.

Como escrever esse saltitar ininterrupto de batalhas e vidas? Como escrever Liane no hospital psiquiátrico de Praga?

Como escrever sobre as cartas trocadas entre a paciente internada suicida que redigia cartas em checo e Liane respondia em português?

Tudo isso acompanhado pela sinfônica de Koln.

Naquele espaço musical tivemos o privilégio de desfrutar de raros momentos de espaços celestiais. Era o instante de relaxamento de uma grande parte da vida de Liane lutando pelo desenvolvimento do ser humano. Independentemente de sexo, gênero, raça, cor, credo, nacionalidade.

Liane apátrida, inserida no exemplar movimento de produzir saúde. Liane que vi e convivi — encarnação da Vitória de Samotrácia.

O privilégio de desfrutar por duas décadas dessa aventura humana, demasiadamente humana, aspergida em científica, pedagógica, terapêutica, loucuras, segredos trocados, dores suportadas… Impossível retratar Liane em uma apresentação.

Redijo, emocionado, as frases que brotam da emoção vivida.

Mulher desbravadora, sem medo do encontro, desmedida sem preconceitos, professora sem cansaço, terapeuta sem limite de humanidade.

O prazer sempre foi o fim projetado por Liane. Nunca lançou âncora sobre mágoas ou desafetos.

Tê-la como parceira foi mais que uma honra caminhar um caminho não articulado, surgido desde a contradança elegante que ela propiciou à existência. Lika, *bacio nel cuore.* 99

Carlos Briganti
Neuropsicólogo e especialista em psicoterapia corporal reichiana

Viver é um rasgar-se e remendar-se.

— João Guimarães Rosa

Prólogo

Anos atrás, em visita ao Museu do Louvre, em Paris, deparei com uma imagem que me marcou profundamente: a estátua da Vitória de Samotrácia, escultura em pedra calcária que representa a deusa grega Nice. Fiquei fascinada diante da sua beleza, da sensualidade de suas pernas e, principalmente, de suas asas abertas. "Essa mulher é meu ideal de ego", pensei. Uma mulher alada, que escolhe voar por entre as experiências que a vida lhe proporciona, correndo riscos, mas fazendo de cada momento uma peculiar e intensa aprendizagem.

Em minhas andanças, tive encontros inquietantes com pessoas que me questionaram e me fizeram rever valores e crenças. Cabe a mim, agora, honrá-las e agradecer pelo que se abriu em minha vida. São elas: Emilio Rodrigué, Martha Berlin, Theda Basso, Dalmiro Bustos, Alexander Lowen, David Boadella, Valéria Pert, entre outros. No Brasil, vivi uma época de muito aprendizado e companheirismo por ocasião da introdução da psicoterapia corporal em nosso país, e agradeço a Regina Favre, Carlos Briganti e André Gaiarsa, amigos do Ágora; Esther Frankel, Rubens Kignel e José Alberto Cotta, amigos da biossíntese; Odila Weigand, Edson França, Sueli Freitas, Fátima Teixeira, Léia Cardenuto, Maria Ercília Rielli, Rebeca Berger, Anna Maria Pavesi e outros amigos da bioenergética. E, em especial, a Mila Freitas, por seu companheirismo desde sempre.

Todos eles me deram suporte e acreditaram no meu voo. Soltamos a cabeça, respiramos fundo e fizemos juntos a mais bela das viagens.

Liane Zink

A verdadeira viagem de descobrimento não consiste em procurar novas paisagens, e sim em ter novos olhos.

— Marcel Proust

1 — Passaporte para o mundo

*Minha viagem pela
terapia corporal*

Se me pedissem para pontuar minha trajetória profissional com os acontecimentos mais importantes que vivi, eu certamente destacaria a mudança do Paraná, onde nasci, para o Rio, de lá para São Paulo, depois para a Bahia e, por fim, para a Alemanha, antes de regressar a São Paulo.

Esses saltos geográficos representaram o *grounding*[1] da minha carreira: não esqueço lugares como Natal (RN) e Recife (PE), por onde também passei e deixei algumas sementes, mas quis o destino que entre São Paulo, Rio e Salvador eu estivesse no lugar certo, na hora certa e com as pessoas certas.

Estávamos em 1975: naquele momento, a psicoterapia corporal ainda era desconhecida no Brasil. Não tínhamos livros, nem conhecimento, nem experiência acumulada.

Muito distantes dos Trópicos, as ideias do analista austro-húngaro Wilhelm Reich (1897-1957) não repercutiam além de um grupo de pioneiros que haviam vislumbrado nas suas propostas um sopro de reformulação conceitual, o intuito de aliar teoria e prática e um compromisso com a intervenção social e a contracultura.

Profissionais interessados na especialização tinham de beber, o tempo todo, de fontes distantes — Estados Unidos, Europa — e lá encontrar professores aptos a difundir os estudos reichianos e os alicerces da psicoterapia corporal. Aos poucos, esses pioneiros — Regina Favre, Rubens Kignel, Esther Frankel, Pedro Prado e tantos outros, entre os quais eu também me incluo — conseguiram fazer que o psicodrama rompesse as rígidas cercas erguidas pela psicanálise.

O exercício da Gestalt-terapia, do psicodrama e das terapias neorreichianas supunha então um determinado estilo e certas posturas. Partilhávamos os ideais da contracultura que marcaram aqueles anos — em especial o "Movimento do Potencial Humano", surgido nos Estados Unidos, anos antes, para apadrinhar uma visão alternativa à psicanálise e uma conduta contrária ao formalismo, incentivando processos psicoterapêuticos centrados na vivência e na expressão emocional.

Nessa seara, meu encontro com a grande psicanalista Anna Veronica Mautner, em São Paulo, foi extremamente transformador. Mudou radicalmente a minha trajetória profissional. Mulher inteligentíssima, de muito respeito na nossa comunidade, com o tempo se tornou uma grande amiga. Tive a sorte de ser convidada não apenas para trabalhar com ela no meu primeiro consultório na capital como também para dar aulas sobre Reich para uma das primeiras turmas que ela montou no Instituto Sedes Sapientiae.

Criado no final dos anos 1970 pela educadora e psicóloga brasileira Madre Cristina, da Congregação de Nossa Senhora Cônegas de Santo Agostinho, o Instituto Superior de Filosofia, Ciências e Letras Sedes Sapientiae havia sido ligado ao Colégio Des Oiseaux, que oferecia educação às moças da elite paulistana desde o início do século 19. Porém, durante a ditadura civil-militar, ele se transformou em um espaço de resistência política, acolhendo perseguidos e organizando encontros na "Clínica do Testemunho", que mantinha um serviço de reparação psicológica às vítimas da repressão.

A aproximação com Anna Veronica nos atribuía responsabilidade e maturidade: ela já era muito conhecida, estava no Sedes Sapientiae, mas também na PUC-SP; trouxe pela primeira vez ao Brasil o psicoterapeuta inglês David Boadella, além de muitos outros teóricos. Em torno dela gravitavam não só os psicoterapeutas neorreichianos como também figuras de vanguarda, como o dançarino e terapeuta do movimento Ivaldo Bertazzo e os médicos Flávio e André Gaiarsa.

Participei dessa trajetória disruptiva da psicoterapia corporal tanto no Rio de Janeiro quanto na Bahia.

Em Salvador, o meio sofreu forte influência da prática terapêutica, muito diferenciada, dos argentinos Emilio Rodrigué e Martha Berlin, integrantes do movimento Plataforma, cujos pressupostos ditavam um rompimento com a psicanálise ortodoxa. Por um feliz golpe de sorte, chegamos à Bahia, eles e eu, praticamente ao mesmo tempo: ao saber que eu estava em Salvador, Urânia Peres, psicanalista e escritora brasileira, hoje imortal da Academia de Letras da Bahia, me chamou para participar de um núcleo pioneiro, o primeiríssimo grupo do casal Rodrigué-Berlin no Brasil.

A proposta deles, de unir psicodrama e psicanálise incorporando técnicas de laboratório, que ninguém conhecia por aqui, não só era disruptiva no Brasil como encontrou na Bahia seu melhor viveiro. Com o advento da Tropicália, liderada por Caetano Veloso, Bethânia, Gil e outros em resposta aos anos de chumbo, aquele era o lugar certo, no momento certo.

Esse plantel fértil propiciou laboratórios experimentais e a produção de farta literatura, notadamente a obra *O paciente das 50.000 horas*, na qual Emilio Rodrigué expõe um processo de cura em 50 minutos em ambiente de laboratório, em oposição ao mesmo procedimento no divã, durante 50 mil horas.

Do ponto de vista pessoal, esse encontro com os dois psicanalistas argentinos gerou a dívida eterna que tenho para com eles, por terem me apresentado o psicanalista norte-americano Alexander Lowen — "um homem incrível", como eles diziam —, com quem me formei, fiz terapia e supervisão nos Estados Unidos, acompanhei *workshops* em vários países do mundo e passei a ser *follower*[2] até descobrir David Boadella.

Naquele momento, as terapias corporais e reichianas já despontavam. Tudo era muito experimental, mas eram experiências que permitiam alcançar dores e sofrimentos profundos: terapias reais, com corpos presentes, que se podiam tocar, sem medo deles.

Nesse contexto, a criação do Ágora Centro de Estudos Reichianos, nos anos de 1980, foi uma decisão seminal para a expansão da psicologia corporal, que teve o grande mérito de difundir e fortalecer no Brasil os institutos de formação na área. Regina Favre, Carlos Briganti e eu criamos, no final dos anos de 1980, o Ágora para ter, em São Paulo, um centro de formação neorreichiana. A sede ficava na casa onde Regina morava e atendia, na Vila Madalena, e nós também lecionávamos em hotéis, de cidade em cidade.

Na época, estruturamos um curso de formação abrangente, pluridisciplinar, e o Ágora acabou superando todas as expectativas, tornando-se a instituição brasileira mais importante de psicoterapia corporal. Ali lecionaram profissionais de grande cacife: Emilio Rodrigué, Martha Berlin, Theda Basso, Ebba Boyesen...

André Gaiarsa falava sobre Reich; Regina e eu dividíamos o conteúdo referente às escolas corporais bioenergética, biossíntese e biodinâmica; outros profissionais explanaram sobre Freud, Keleman, Gerda Boyesen. Cada qual tinha sua especialização em uma escola, de tal forma que a gente abraçou praticamente todas as psicoterapias que existiam naquele momento.

O sucesso da nossa proposta era tal que conseguimos reunir quase mil alunos, numa época em que o nome e as ideias de Wilhelm Reich se confundiam com a contracultura e o rompimento com a psicanálise tradicional. O auge desse movimento aconteceu durante um encontro reichiano no Parque Lage, Rio de Janeiro, que chegou a reunir quase três mil pessoas.

Até hoje, embora já não exista, o Ágora continua sendo uma pedra lapidar e importante referência para a psicoterapia corporal. Espaço onde se rompeu com a academia, onde ocorreram laboratórios, *workshops* e muitas experiências intensas de corporificação, para alcançar estados emocionais profundos.

A crença era de que não podia haver um movimento único em torno da fala, a palavra tinha de estar ancorada em um corpo. Com isso, os nossos alunos — psicólogos, pedagogos, fisioterapeutas — aprendiam a trazer uma âncora corporal para a palavra.

Nos anos de maior influência do Ágora, a gente já sabia como ler um corpo para afrouxar couraças, deixar a energia fluir e ajudar as pessoas a se revelarem por meio de exercícios específicos.

Nossas experimentações se davam no campo da respiração e do *grounding*, mas fazíamos também muito trabalho em sítios e fazendas, onde havia um espaço ao ar livre, na natureza, e se podia expressar com a voz, com os gritos e com a dança. Esses laboratórios eram inspirados no famoso Instituto Esalen, na Califórnia (EUA), onde se promoviam simpósios, seminários e *workshops* sobre Gestalt-terapia, medicina holística, meditação e filosofia oriental.

Recebemos também muita influência do psicodrama, o que ajudava a gerar experiências profundas de cenas dramáticas. Tínhamos habilidade para observar e apontar tensões corporais e musculaturas colapsadas. Não temíamos o trabalho corporal; buscávamos entender o corpo com suas emoções, seus músculos e seu fluxo energético. Depois da dissolução do Ágora, continuamos avançando a passos largos. Grandes representantes da nossa forma de pensar e trabalhar, como os psicoterapeutas André Samson e Ricardo Rego, estabeleceram escolas de formação internacional em São Paulo. E, no plano teórico, passamos a consolidar uma interlocução com os Estados Unidos e a Europa, de onde voltávamos com a mala cheia de livros: Lowen, Boadella e muitos outros.

Começamos assim a refazer as traduções dos livros de Reich, que eram muito malfeitas até então — tanto que estudei *Análise do caráter* em espanhol, porque os argentinos traduziam muito melhor do que os brasileiros. Isso provocou uma enxurrada de obras trazidas da Argentina e nos permitiu não só multiplicar os laboratórios com uma habilidade experimental incrível como também estimular uma intimidade com esse espetáculo chamado corpo, sem medo dele ou de reestruturar sistemas energéticos. A gente começou a ter sabedoria. Conhecimento. E o saber brasileiro se espalhou mundo afora, a tal ponto que nossos melhores profissionais começaram a criar teias de trabalho em outros países. Eu também fui.

Nós desenvolvemos uma teoria e uma prática essencialmente nossa. De muito respeito. E o Brasil passou a ser reconhecido por essa habilidade de ler um corpo graças a uma sólida conceituação teórica.

Enquanto isso, a psicanálise, muito crítica diante dessa forma de trabalhar, mantinha um olho severo sobre nós. Havia uma questão conceitual incompreendida, mas também um desafio político à censura do corpo.

Entretanto, à medida que a terapia corporal foi sendo compreendida — e que sua potência ganhou expressão energética no corpo —, a própria Gestalt foi se consolidando no país, tanto que hoje em dia pululam dezenas de escolas, não só de terapia corporal, mas também as que utilizam exercícios, posturas e teorias da psicoterapia corporal.

Anos mais tarde, já em meados dos anos 2000, criamos o Encontro 3Bios, movimento exclusivamente brasileiro que teve como fundamento histórico o diálogo entre as três escolas de psicoterapia corporal — a bioenergética, a biossíntese e a biodinâmica — e as preciosas contribuições que cada uma delas trouxe ao trabalho psicoterapêutico. A biodinâmica se fez conhecer no Brasil pelas mãos de Rubens Kignel; a ela se seguiu a abertura do Instituto Brasileiro de Psicologia Biodinâmica (IBPB), graças a Ricardo Rego e André Samson. A biossíntese, por sua vez, desembarcou por aqui em consequência dos esforços conjugados que fizemos, Esther Frankel, Rubens Kignel e eu. Quanto à bioenergética, ocupei-me de difundi-la no país com a ajuda de *trainers* internacionais.

Atualmente na sua 19ª edição, o Encontro 3Bios surgiu do firme propósito de promover a discussão e a troca de teorias e vivências não só entre os alunos das três escolas, mas também entre todos aqueles que se interessam pelo assunto. As vivências se baseiam em *workshops*, durante os quais professores, alunos e convidados podem atualizar a reflexão do ano e aprofundar o trabalho corporal. Trata-se de um evento inovador e abrangente, um espaço que recebe grandes nomes da psicoterapia nacional e mundial e traz o que há de mais novo para nossa formação.

A reflexão acerca do contemporâneo permite apresentar novos aspectos teóricos, ao mesmo tempo que possibilita conhecer profissionais que praticam diferentes linhas de atuação. Entre nossos convidados estão filósofos, jornalistas, neurocientistas e pesquisadores que se debruçam sobre áreas de atuação como a música, o teatro e a arte em geral — o que chamamos de bioarte. Importante ressaltar que essa proposta de abordagem só se pratica no nosso país, onde os terapeutas costumam circular e fazer diferentes formações, acumulando conhecimento e experiência.

Com todas essas sementes germinando, a psicoterapia corporal foi criando potência no Brasil. Conhecimento, livros, apostilas. Experiência acumulada. Tecemos uma força poderosa e alcançamos o reconhecimento da comunidade internacional, enquanto nossos críticos julgavam que estávamos apenas "caminhando contra o vento, sem lenço e sem documento".

Sempre em movimento

Viajar é tão vermelho quanto uma descarga de intensa excitação. É fonte de inspiração que me conecta com outras culturas e alimenta minha alma. Mas desestrutura. Confronta com a necessidade daquele vínculo tão primitivo de estar de mãos dadas com alguém. Medo e deslumbre entrelaçados. Autonomia e independência em confronto. Nessa jornada por distintas geografias — Rússia, Japão, Alemanha, Portugal, Israel, Espanha, Argentina e República Checa —, eu construí a minha história.

Sempre fui uma criança muito agitada, e em seguida uma adolescente igualmente inquieta: subia e descia de árvores, dançava muito em festas; tinha um insaciável desejo de desbravar.

Uma lembrança recorrente é a da cadeia de montanhas que se perfilavam em frente de casa e que, da janela do meu quarto, instigavam o meu olhar. Deve haver um mundo maior para além daquela barreira, eu pensava. Um mundo vasto e misterioso que quero alcançar! Eu tinha então uns 12 anos.

Vivíamos numa pequena cidade do interior do Paraná, Ponta Grossa, onde nasci. Como meu pai era militar, a família era obrigada a viajar muito pelo Brasil: ora estávamos em um lugar, ora em outro.

Cresci, estudei, me formei e casei com um executivo, que foi transferido para a Alemanha, a trabalho, em meados da década de 1980 — e lá fomos nós, crianças, malas e cuias para o Velho Mundo.

Na Europa, ensaiei exercitar minhas fronteiras internas. Viajar tornou-se a ocasião de degustar uma transculturalidade que já estava nos meus cromossomos e uma oportunidade de me conectar com o meu universo íntimo.

Inicialmente, minhas tarefas na Alemanha se resumiam a cuidar do lar: eu era uma autêntica dona de casa! Para ajudar nos afazeres domésticos, tínhamos uma funcionária argentina. Certa vez, conversando com ela, a ouvi indagar sobre a minha profissão:

— Sou psicoterapeuta no Brasil — respondi.

— Conheço uma psicoterapeuta aqui na Alemanha. Ela também é sul-americana e se chama Mara Hermann. É muito bem-sucedida — emendou ela. Peguei o contato e fui encontrá-la.

Mara trabalhava na *Cáritas*[3] e me convidou para integrar um grupo de psicodrama. Eu já tinha formação em bioenergética. Assim, participando dos grupos de trabalho corporal e dos *workshops*, comecei a construir uma parceria com ela.

No começo, eu ficava observando a atuação de Mara durante as sessões, e não era remunerada. Com o tempo, ela foi me dando liberdade para fazer intervenções no grupo, até que um dia o deixou comigo.

Esse grupo passou por vários coordenadores até chegar às minhas mãos. Seus integrantes, todos terapeutas, também foram mudando, uns entrando, outros saindo. Enquanto o grupo principal se reunia na Alemanha, outros profissionais montavam núcleos com os clientes desses terapeutas em outros países, e eu sempre os acompanhava.

Anos mais tarde, voltei com a família para o Brasil, mas nunca mais abandonei o grupo terapêutico da Alemanha. Há três décadas, nós nos encontramos para trabalhar juntos uma vez por ano, acumulando experiências, vivências intensas e profundas transformações pessoais.

Esses psicoterapeutas são a memória, o registro da minha trajetória: eles viram o meu trabalho florescer, a minha terapia frutificar; eu os acompanhei em cada etapa, em cada questão, cada qual com suas particularidades. São pessoas extraordinariamente únicas: uma escreve livros infantis e conta histórias no rádio; outro é médico psiquiatra e psicoterapeuta...

No começo, eles achavam as minhas propostas divertidas, diferentes: elas eram, de fato, ousadas e muito distintas do que se fazia convencionalmente. Eu misturava psicodrama, bioenergética e biossíntese com muita liberdade, e o resultado disso tudo era um verdadeiro laboratório onde tudo podia, um caldeirão de experimentações. Já nascia ali uma psicologia integrativa.

Hoje, nosso grupo se compõe majoritariamente de profissionais que desejam fazer um intenso trabalho corporal de terapia, e está fechado para novos integrantes.

Outro marco importante da minha trajetória foi o encontro com o notável psicanalista argentino Emilio Rodrigué, que por sua vez me falou do Alexander Lowen, precursor da análise bioenergética nos Estados Unidos. Fiquei curiosa. Naquela época, eu já havia feito psicanálise — tanto terapia quanto supervisão — e estava cansada de olhar para o teto. Era como se aquele divã onde eu me deitava durante as sessões não coubesse mais em mim.

Assim, descobri o psicodrama com Martha Berlin e Dalmiro Bustos. Logo em seguida fui a Nova York, e me aproximei do Lowen.

Mais tarde, depois de um congresso de bioenergética no México, do qual participei com a Teresa Albuquerque — nós duas, as únicas brasileiras presentes —, um fantástico mundo do corpo se descortinou diante dos meus olhos, e então as coisas foram se precipitando: a formação em bioenergética, a descoberta da biossíntese com o David Boadella, na Suíça; convites da Esther Frankel para dar aulas no exterior, inicialmente em Israel, depois em Portugal e na Espanha, seguido de Japão, com o Rubens Kignel, República Checa, com o Richard Hoffman, Rússia, com a Gerlinde Buchholz, Argentina, com o Rubens Kignel...

Quando me dei conta, a minha carreira internacional havia decolado. Comecei a desvendar o mundo para muito além daquela cadeia de montanhas que emoldurou a minha infância: estava saciando a minha sede de saber e pretendia voar alto, cada vez mais alto!

A cigarra e a formiga

É preciso dizer que antes, no Brasil, eu acumulei experiências e conhecimentos que me deram condições de voar: como vimos, eu havia criado, em parceria com a filósofa e psicoterapeuta Regina Favre e o psiquiatra Carlos Briganti, o instituto de formação neorreichiana Ágora. Naquela época, ensinava-se ao mesmo tempo bioenergética, biossíntese e biodinâmica, e não da forma como fazemos hoje: era tudo interconectado, uma escola só.

Também tenho um instituto Ágora na Alemanha, onde, além do grupo que herdei da Mara Hermann, dou treinamento e formação para terapeutas. Durante os primeiros anos, meu grande amigo Carlos Briganti foi desbravador comigo; logo em seguida, por cerca de duas décadas quem me acompanhou foi o psicoterapeuta Edson França, que começou como meu assistente, e, depois, se tornou incontestavelmente o meu braço direito e um verdadeiro companheiro de viagem. Depois dele, veio a Sueli Freitas, com quem compartilhei viagens e grandes momentos.

Em outros lugares, mundo afora, sou treinadora. Quando dou uma sessão na condição de *trainer*[4], tenho de explicar o processo, ensinar o que faço, discutir ideias e hipóteses. Mas quando trabalho terapeuticamente, não há nada mais transformador e inspirador!

Todo o processo com o grupo da Alemanha, por exemplo, ao qual proponho experiências e vivências profundas, deságua numa autêntica transformação de vida tanto para mim quanto para eles. Assim que me cubro dessa segunda pele, a da terapeuta, é como se meu coração se expandisse: como não estou preocupada em ensinar nada ou mostrar como se faz a ninguém, permito-me propor trabalhos muito profundos.

Terapia pura, entrega total: é quando sei que, para ser terapeuta, preciso respirar por todos os poros, soltar a inventividade, nunca castrar nada, de parte a parte. Eu sou o que sou e eles apreciam isso. Se fico muito ousada, ou muito emotiva, eles me acompanham incondicionalmente, dispostos a empurrar portões muito pesados ou emperrados. Essa segunda pele, a da terapeuta, propiciou, ao longo da minha vida profissional, momentos de profunda comunhão com os meus clientes. A exemplo da relação que estabeleci aqui no Brasil com o cliente que vou chamar de E. R. — para quem, por força de objetivos clínicos precisos, me tornei algo como o último ponto de referência familiar em meio a uma profunda solidão.

Criativo como poucos, E. R. é uma pessoa muito interessante, dotada de grande capacidade de sedução. Veio me procurar décadas atrás, quando tinha uns 20 ou 30 anos de idade, pois acumulava diversas patologias mentais crônicas — bipolaridade, depressão etc. — que se manifestavam em seu corpo por meio de uma obesidade mórbida, do HIV e da experimentação de comportamentos extremos, inclusive o flerte com a morte.

E. R. teve um pai que morreu na cadeia e uma mãe muito rica, cuja família não aceitava sua união com aquele homem afinado com a delinquência. Filho único e refém daquela situação, depois da morte da mãe, foi açoitado por uma forte compulsão de gastar dinheiro.

Esbanjava riqueza comprando artigos de luxo; passava longas temporadas no Copacabana Palace Hotel, presenteava os amigos com relógios de ouro e peças de arte. Ficou obeso porque saía com todos os michês da noite, mas, não satisfeito sexualmente, voltava para casa, abria a geladeira e se deixava devorar pela gula. Cirurgias plásticas para fins estéticos, fez 25 depois da bariátrica! Resultou que E. R. foi emagrecendo e empobrecendo, até ficar totalmente à margem do sistema. Ele conheceu o luxo e o requinte, e também as privações, numa vida de periferia, sob o mesmo teto de três tias idosas que castraram sua criatividade.

Depois disso, circulando entre amigos da *high society*, tal como um personagem de *La dolce vita*, de Federico Fellini, nunca teve casa. Moradia, lar. Mas, ousado, inteligentíssimo, sua psicopatia era tal que ele sempre encontrava algum *sponsor*[5], uma boa alma que lhe emprestasse um lugar para morar de graça. Assim, por onde ia, não pagava absolutamente nada a ninguém. Saltava de um apartamento vazio para outro cantinho em reforma, mas os decorava com objetos pessoais sofisticados, um vaso de cristal aqui, uma peça de valor acolá, e a vida ia ganhando sentido e colorido.

Em determinado momento, E. R. acreditou ser um grande pintor e se pôs a pintar telas. Entre seus amigos, empresários de vários segmentos, um em especial, do ramo do entretenimento, lhe ofereceu um galpão enorme, onde poderia montar um estúdio de pintura e trabalhar com o material reciclado dos shows e espetáculos musicais que montava. Em troca, E. R. cuidaria dos filhos deste empresário como *concierge*[6], mas a essa função ele deu o pomposo nome de "professor dos meninos".

Da sua febril produção artística resultaram telas que já foram expostas em diferentes lugares — e também no Instituto Emílio Ribas, onde conheceu um professor da USP e crítico de arte que o convidou a fazer um curso de pós-graduação.

Desde então, E. R. vive de favores, mas pinta quadros enormes que, na sua alucinação, valem milhões de dólares. Seu mundo interno, onde nunca faliu, é tão fantasioso que ele sempre tem comida, casa e roupa — tudo do bom e do melhor — sem desembolsar um tostão.

Pois bem: como tratar a fantasia que mantém um indivíduo vivo, confiante e ativo? Quais são os limites entre a mentira que corrompe e aquela que regenera?

O médico psiquiatra e vegetoterapeuta italiano Gino Ferri fala de dois processos: um analítico e outro clínico. No primeiro, a gente faz psicanálise, vai a fundo na interpretação da transferência, traz o inconsciente à tona. No segundo, trabalhamos o aqui e o agora, aquilo que constitui as necessidades do paciente, a primazia da clínica.

E. R. tentou o suicídio duas vezes. Eu precisei seguir por uma linha clínica com ele. Desisti de transformar aquela "cigarra" em "formiga", porque ele sobrevive bem cantando e encantando os outros. Ele acredita que é um grande pintor, cuja arte vai ser reconhecida em todo o mundo e lhe permitir viver na Europa. Por respeito a esse mundo fantasioso, e por medo de que ele voltasse a atentar contra a própria vida ao se confrontar com a realidade dos fatos, resolvi conduzir a terapia dele como se eu fosse o único elo familiar remanescente. Mais uma pessoa que lhe estende a mão, oferecendo não um lugarzinho para morar, mas um incondicional aconchego afetivo e profunda compreensão do que se chama contato.

Ao cabo desse processo, depois de décadas sem vê-lo, ouvi dele uma frase que ecoa em meus ouvidos como a melhor recompensa pelo meu trabalho: "O afeto que eu tenho por você é um afeto muito peculiar e único, pois ele me manteve vivo".

Liberdade e autoconhecimento

Não há experiência mais rica, para mim, do que trabalhar no exterior. É como se fosse um *ungrounding*, um desenraizar de tudo aquilo que me rodeia, que me enxerga, que me avalia. Rédeas soltas, em Portugal ou no Japão, passo a ocupar um lugar de extrema liberdade, onde, estrangeira a mim mesma e à cultura em volta, me torno mais destemida, mais criativa. Ao transitar por lugares tão diferentes do meu país natal, também exploro meu desconhecido interior e exercito minhas fronteiras; anônima, aprendo a expandir o meu mundo no contato com o que ainda não conheço de mim.

Nesses itinerários, é preciso dizer que não tenho muitas referências com que me identificar: todo o sistema perceptivo é colocado em xeque, os hotéis são impessoais, a roupa de cama não tem o meu cheiro, a gastronomia confunde as minhas papilas gustativas — e, talvez por isso mesmo, eu desfrute de mais espaço para olhar para mim.

Sonho muito mais, anoto esses sonhos e tento desvendá-los, para que, a partir daí, possa dar significado à minha viagem. Também sempre levo comigo um diário para escrever, pintar e registrar situações que me tocam profundamente. Assim vou atravessando portais. E se, para alguns, estar longe de casa parece não ter muito sentido, eu digo que aquilo que experimento é, na verdade, uma tensão sadia pelo grande desafio que representa. Às vezes não sei o que é sonho e o que é realidade.

Penso que ser tocada por outra cultura e sentir a sua profundidade é crescer e ampliar a própria visão de mundo.

Algumas atitudes e comportamentos que costumo ter no meu dia a dia são completamente estranhos quando estou no estrangeiro. Mas é preciso ir além da psicoterapia, se deixar tocar pela literatura, pela política, pela religião, pela arte. Saudações, agradecimentos, pequenos mimos sociais: é importante aprender aquelas condutas e frases estratégicas na língua de cada país que abrem tantas portas. Na Rússia e no Japão, por exemplo, lembro-me de ter sentido a limitação do analfabetismo e, pela primeira vez, de ter percebido que estava invisível, uma *outsider*. Muito diferente de Portugal, e ainda assim bastante similar: embora sejamos, todos nós, brasileiros, de alguma forma também um pouco portugueses por compartilhar a mesma língua e fragmentos da história, o fato é que não conhecemos a cultura desse país, os meandros das suas leis e regras, as suas crenças mais viscerais.

Acredito ser um grande privilégio poder fazer essa viagem pelos túneis e canais de uma sociedade. Quando viajo, não vou visitar a família, os amigos. Não vou para comer bem ou conhecer lojas. Desejo adentrar o teatro pessoal de cada um, desfrutando das peculiaridades da cultura local. E, nesse contato, estou à procura do que me define, da minha alma, do meu crescimento. Isso me faz gente. E me dá uma compreensão de mim mesma muito importante.

Sempre fiz terapia, alimento com muita apetência esse desejo de me encontrar, me inventar e reinventar. Isso é algo que as viagens proporcionam. É claro que eu também fui aprendendo a ser terapeuta no Brasil. Além de fazer cursos no estrangeiro, aproveitei e investi na minha inventividade, numa soltura que me permito ter como curadora lá fora. E concluo que fui gostando cada vez mais do que estava construindo como terapeuta: os *feedbacks* que tenho, os convites que nunca me faltam, os lugares por onde passei, essa persona que é obra essencialmente minha. Fui ficando orgulhosa disso tudo que hoje me dá liberdade de ser eu mesma e ter fala, voz e potência.

Sempre viajei em companhia de alguém, nunca sozinha. Sei que tenho autonomia; independência eu não tenho. Levo um professor, um assistente. Desde que eu tenha alguém comigo, sou capaz de ir a qualquer lugar, dar aulas em condições precárias — porões apertados, espaços diminutos, sem material nenhum para o trabalho corporal. Eu me adapto bem a *settings* estranhos ao meu cotidiano, apenas a partir da ressonância e do diálogo profundo com os participantes dos grupos.

Mas não tenho essa independência para voar sozinha. Mesmo em Portugal, onde certa vez fiquei sozinha por dois dias, senti quanto estava pouco em mim mesma: no jantar, à noite, encomendava comida para dois, uma garrafa de vinho inteira — na ausência de um acompanhante, acabei inventando uma companhia-fantasma.

Preciso dessa presença ao meu lado para ser eu mesma e fazer o que quiser. Sem isso, fico meio dispersa de mim. Insegura e vulnerável. É como se eu tivesse de prestar atenção em tudo à minha volta e não pudesse olhar para mim mesma. Pois viajar, repito, é um processo de aprendizagem poderoso, capaz de mobilizar sentimentos às vezes intensos: a agonia de estar longe de casa, o medo de se arriscar além da medida certa, o sofrimento de se construir no contraponto.

Tudo isso eu vivi. Às vezes, me percebia em lugares ou situações francamente opostos ao que tenho na vida: segurança, conforto, pertencimento, casa, marido, filhos. O que estou fazendo aqui? — perguntava a mim mesma.

A resposta sempre foi igualmente peremptória: preciso chegar até onde consigo ir. Preciso me sentir desbravadora e ao mesmo tempo vulnerável. Preciso da força que confere o fato de dizer: "Olha aonde você chegou!" Isso me dá um reconhecimento de mim mesma, um orgulho da minha trajetória. Afinal, para uma mulher sul-americana, não é nada fácil chegar até aqui.

Além de enriquecedoras, minhas viagens também extravasam para um lado onírico. Como se fossem sonhos.

É de uma poesia quase visceral se perceber em um país que sofreu guerras, ocupações, depressões econômicas, longos reinados, intervenções políticas, terremotos... Ver um monumento, uma placa de rua, uma avenida que remete a uma página remota da história, que a gente conheceu em livros ou filmes e agora está diante de nós: isso tem o poder de colocar em perspectiva outras culturas, outro tempo, outro espaço, outro modo de imaginar a vida.

Vivi isso em vários lugares. A primeira vez em que estive na Praça Vermelha, em Moscou, tive uma sensação onírica muito forte. Inicialmente, senti que o dr. Jivago ia aparecer a qualquer momento. Depois, fui chacoalhada por um questionamento muito intenso, real: como foi que aquela menina de Ponta Grossa conseguiu chegar até aqui?

Chorei muito naquela praça: as cúpulas da Catedral de São Basílio, o portão da Ressureição, o Kremlin, a plataforma de pedra usada pelos czares para fazer discursos... Fiquei parada, estática. Eu me dei o tempo de absorver tudo aquilo, para poder metabolizar aquele preciso instante em que a história da nossa humanidade nos invade e inunda com ondas de sensações semelhantes a estar dentro de um filme.

Medo? Não tive na Rússia; tive um deslumbre. Acho que o medo era um deslumbre, um farejar de cão que percebe algo novo à sua frente. No Kremlin, fui ficando enraizada: procurei ver imediatamente a múmia de Lênin, me informar mais sobre Catarina, a Grande, seu temperamento, suas atitudes, seus feitos. Na Praça Vermelha, há um coreto, onde eles decapitavam as mulheres bruxas e passavam com os carrinhos levando seus corpos. Sentei-me ali perto e fiquei me perguntando: que feminino é aquele? Por que elas eram consideradas bruxas? Por que os russos lidavam dessa maneira com o feminino?

Por tudo isso, a Rússia é um lugar que desperta em mim muita paranoia, além de encantamento, é claro. A cultura do país me impregnou de uma sensação de vulnerabilidade muito forte; em contrapartida, há, na mesma medida, o apelo desafiador de ir para lá. É como se eu me perguntasse: será que eles gostam de mim? Toda vez que dou aula na Rússia, sou açoitada por essa questão de não saber se fui aprovada ou não. É por isso que penso haver um vínculo paranoico entre aquele país e eu.

Medo, mesmo, eu senti em Israel, porque fui trabalhar em um lugar onde, um dia antes, havia ocorrido um atentado de rua, no qual muita gente morreu. Além disso, assim como a Rússia ou o Japão, a cultura israelense é muito distante da minha. O Holocausto está no arquétipo de toda a população, arraigado, e se revela em cada rosto, em cada expressão, seja qual for a geração. Mas entender a história daquelas mulheres israelenses tão sabras, tão guerreiras, foi importante. Me ajudou a construir uma identidade que também me fez diferente, diferenciada.

Certa vez, estava voltando de viagem e, por associação de ideias, me lembrei do filme *A origem*, com o Leonardo Di Caprio. Ele usava um pião para mergulhar na mente humana, vasculhar o mundo dos sonhos e roubar segredos importantes do inconsciente. Escrevi no meu diário: "Afinal, onde é o sonho que eu vivo? Está nos países por onde circulo, está na minha casa, em São Paulo? É lá ou aqui?"

Pois chegou uma época em que eu viajava tanto que a minha casa acabou se tornando uma realidade paralela, um sonho: onde vivencio um conhecimento maior de mim mesma? Onde se opera esse crescimento? Em que lugar encontro mais estímulo para me inventar e reinventar?

Aquele pensamento me levou a concluir algo que se tornou um verdadeiro divisor de águas na minha vida: se eu me limitasse a ficar no Brasil, eu seria acomodada. Teria sido apenas a mulher de um executivo, a mãe de três filhos, a dona de casa. Não teria crescido tanto profissionalmente. Afinal, ser mulher de um executivo com três filhos absorve muito: você nunca está sozinha, as crianças estão em volta, há as exigências sociais, as festas, os amigos, os compromissos…

Em 2024, quando fui a Praga, ouvi do coordenador do curso:

— Você tem certeza de que vai conseguir acompanhar um novo grupo? Pense bem: são cinco anos.

Às vésperas de completar 80 anos, a angústia que me suscitou esse questionamento foi imensa. Novamente, o propósito da minha vida estava em pauta. É como se me sussurrassem: "Olha, a tua aventura nesta vida está prestes a acabar… Quer fazer uma correção de rumo?"

Pensei muito e, antes de responder ao coordenador, ponderei: tenho essa necessidade de respirar enquanto viver, de ir para fora, ter liberdade. Teria sido cômodo ficar, mas eu preciso sair da mesmice, preciso enfrentar novas situações, me desafiar.

Assim, consegui dar uma resposta refletida, serena:

— Eu venho. Eu venho enquanto puder; eu venho até morrer.

No Japão, a delicadeza dos vínculos

Uma cidade dinâmica, vibrante, cosmopolita, quase claustrofóbica, onde tudo pulsa, trepida, palpita, lateja, mas os olhos não se cruzam. Pregados no chão, os olhares não interagem. Assim é Tóquio. Luzes de neon, cartazes indecifráveis, tecnologia, arranha-céus, estruturas metálicas se entrelaçando, viadutos, túneis, pontes, lugares bucólicos, onde se afunilam tradições de quimono, jardins com lagos repletos de carpas, cerejeiras com seus botões cor-de-rosa em flor... e budas, dezenas de imagens de Buda para reverenciar e para se sentir pequeno diante do sagrado. O caos organizado; tradição e modernidade, as pontas do tempo enredadas. Verdadeira experiência multicultural, com idiomas e sotaques do mundo todo pairando sobre multidões em movimento.

O Japão, para onde fui uma dezena de vezes como *trainer* em biossíntese a convite de Rubens Kignel, ainda nos anos de 1990, foi o primeiro país que realmente teve impacto sobre mim. Não só por ser tão diferente, mas a começar pelo fuso horário, que já exige tanto. Lembro-me de ter passado muito mal por não ter respeitado o meu organismo, lançando-me imediatamente ao trabalho sem dar um tempo, uma pausa para sair do estado de deslumbre em que mergulhei ao aterrissar naquele país.

Um lugar distante em todos os sentidos. Uma cultura espantosa — da gastronomia à musicalidade —, o Japão entra pelos olhos, escancarando um legado de hábitos e costumes muito distintos dos nossos, ocidentais.

Inicialmente, para mim, a estranheza dos sabores — confronto e harmonia entre salgado, doce, azedo e amargo. Em seguida, o som, que muito me marcou nesses países longínquos, cujo idioma não entendo. No Japão, onde consegui, com o tempo, aprender algumas palavras, toda a minha leitura dessa musicalidade que as línguas me trazem, quando eu não as compreendo, se transforma em uma melodia interna: *Kon'nichiwa* — olá; *Dokodesu ka* — onde fica? *Chikatetsu* — o metrô. Para mim, o japonês é uma longa sucessão de "k", algo meio estanque, um ritmo sincopado. Era assim que as palavras vinham a mim.

No segundo momento, decifrar. Decifrar a cultura: que jeito de ser perante a vida é esse, o que forma esse caráter, o que há de cultural em cada indivíduo, o que preciso aprender para entrar em contato com os japoneses?

Por fim, uma descoberta importante. Verdadeira. Para a vida. O valor da intimidade: no Japão, se leva alguns dias antes de levantar a cabeça e fazer contato visual com o outro. No Japão, se toma muito tempo para um olho no olho.

É parte da cultura oriental olhar para baixo. Existe um respeito, um comedimento, uma submissão aos pais, às autoridades, às pessoas mais velhas, mas há também um retraimento instintivo: eu sou uma mulher alta, diferente, comunicativa, gosto de estar em vínculo. Eles são baixinhos, acanhados talvez, estão sempre em contato consigo próprios, alheios ao mundo externo. É assim que o sistema familiar molda os japoneses. Sempre ouviram dizer: "Não olhe tanto para fora, olhe para dentro; olhe para as suas emoções".

Resultado: quando andava de metrô, em Tóquio, eu via todo mundo por cima: um mar de cabeças, um deserto de olhares. Era uma sensação estranha.

Logo nos primeiros encontros, eu queria que eles me olhassem, fizessem contato, e isso foi um grande erro. Mas aprendi a esperar. Respirar profundamente, me acalmar, não ficar paranoica. Se existe algo que herdei do Japão, foi dar importância ao se aquietar, à meditação, ao silêncio — aquele silêncio de conteúdo tão denso, pois é vínculo comunicativo.

Esse *insight* em relação ao silêncio resvalou profundamente no meu trabalho como terapeuta: aprender a domar a minha impulsividade, entrar em um silêncio consentido, compartilhado, compreendê-lo, admitir que ele não é necessariamente resistência, mas uma narrativa que tem seu valor; enfim, a possibilidade de o cliente e o terapeuta estabelecerem uma conexão que não é formada por palavras — isso tudo foi um aprendizado de grande valia.

Foi especialmente importante para o meu crescimento profissional incorporar na clínica a premissa de que a gente não se conecta abruptamente, e também esse entendimento de que eu não preciso ficar paranoica, pois o silêncio não é rejeição à minha pessoa, não é um desagrado de mim.

Não ter angústia, não me sentir excluída porque o paciente se mantém em silêncio foi de fato algo essencial a partir daquela experiência no país. Com os japoneses, comecei a entender que aquele não era um comportamento que indicava antipatia ou aversão a mim. Era cultural. Quando tirei essa paranoia da minha frente e fui aprendendo a me aquietar como eles, a entrar dentro de mim, fui capaz de olhar e compreender o corpo deles.

Como terapeuta corporal, é claro que a leitura que eu fazia me dava uma compreensão da caracterologia, do jeito de a pessoa ser no mundo, das fragmentações do corpo dela, da energia que circulava, daquele olhar que não me olhava.

Certa vez, alguém me perguntou: a esquizoidia no Japão é aquela mesma estrutura do caráter esquizoide clássico, isto é, a pessoa voltada para si mesma, muito para dentro? Não, não é. A gente tem de pensar em singularidades culturais, familiares, pessoais, quando pensa em caráter. Não dá para fazer um pacotão. Não dá para colocar todo mundo numa caixinha e atribuir o *status* de esquizoides às pessoas que se põem num estado de defesa muito primitiva e têm essa estrutura de comportamento muito característica. No Brasil, é uma coisa; no Japão, outra. Na cultura japonesa, a hierarquia e a verticalização são aspectos importantes. A harmonia do grupo vem antes das necessidades de cada um, pois ele é mais forte que o indivíduo. Dessa forma, temos uma construção social em que os desejos pessoais são deixados de lado para que se faça o que se espera pelo bem do grupo. Os padrões orientais também incorporam disciplina e autocontrole, e esses aspectos podem explicar muitos dos comportamentos observados nos trabalhos individuais ou em grupo.

Em outras palavras, no Oriente, existe o ritual da introspecção, é mais esquizoide por incorporar todas as formas do *tai chi*, um olhar para dentro de si. Mas quando o japonês se conecta e se comunica, desponta também uma grande dependência, como se ele necessitasse de muita atenção e afeto.

É quando vem à tona outro aspecto: "Eu preciso desse contato e você, sendo ocidental, me traz coisas novas". Nesse momento, quando a espera da escuta é premiada com uma confiança no trabalho clínico, eles se conectam com a gente, se entregam profundamente ao grupo, ao trabalho corporal, explodem, fazem descargas, querem trazer a emoção para fora. É a oportunidade de impor os gritos, expressar, se colocar, fazer exercícios de bioenergética expressivos, usar o som e a voz. É a chance de fazer o oposto daquilo que eles estão acostumados a fazer — aliás, eles tanto quanto eu, que aprendo com a espera; é a ocasião de as duas culturas serem cooperativas e não colidirem, graças aos exercícios corporais, de respiração e de contato.

Junto com o autocontrole de que são capazes, também aprendi quão fundo os japoneses podem ir. Na medida em que eles se abrem para o exterior, as emoções surgem, o choro vem com muita intensidade. Tive um professor de bioenergética muito interessante, Frank Hdlaky, que dizia: "Quando você toca uma pessoa e aquela emoção que estava ali, canalizada, como em um reservatório, começa a brotar, dê espaço, dê espaço para ela jorrar, não coloque exercício em cima de exercício". Em outras palavras, o que Hdlaky quis dizer é que, quando desencadeamos uma emoção, é preciso observar e dar espaço ao cliente. Essa é uma lição de ouro para conter a minha impulsividade que só o Japão podia me ensinar.

Passei a usar esses mesmos ensinamentos em outras circunstâncias. E é isso o que chamo de crescer através da transculturalidade: agitada e comunicativa como sou, seria natural para mim impor a minha cultura ocidental, ser invasiva, sufocar e desorganizar a introspecção do oriental. Mas, assim como o ato de meditar diante das enormes estátuas de Buda ou nos templos xintoístas me proporcionou o benefício de uma respiração mais calma, também aprendi o valor do tempo na clínica e na minha caminhada como pessoa.

Continuo ousada, criativa, ansiosa por experimentar situações novas, mas já incorporei o sentido do *timing*[8] para fazer contato com o outro e percebê-lo de fato.

Essa é, na minha opinião, uma verdadeira transformação de vida. Comecei a meditar muito mais depois que fui para o Japão, a usar incenso nos *workshops* para estimular a conexão e relaxar as defesas, a introduzir a ritualização nos exercícios com grandes grupos. A descoberta da importância desse silêncio, desse recolhimento, só podia mesmo despontar a partir da visita àqueles templos e suas fantásticas figuras.

Seja na clínica ou na minha vida pessoal, hoje estou convencida de que o silêncio é de ouro, tem mil palavras, mil narrativas, e quer dizer muita coisa. A escuta do não dito, o gesto de não interromper, a força dos rituais, a reverência diante do que é sagrado, único, e a potência da espiritualidade: tudo isso são valores e ensinamentos que trago do Oriente para a minha vida.

O olhar, pepita da alma do japonês

Reflexões sobre um olhar no país dos olhos puxados: no Japão, o olhar não machuca, não invade, não corre mais que o tempo. Não se precipita. Há muita delicadeza na construção de um vínculo. Respeito.

É um processo parecido com a conexão que o bebê e sua mãe estabelecem entre si. É demorado, porque surge do acolhimento e da tessitura de uma confiança básica, uma ressonância profunda. Um grande encontro de almas.

É o olhar do outro que constrói a pessoa, nos ensina a física quântica. Na psicoterapia corporal, não é diferente: através do olhar, terapeuta e cliente também constroem aceitação e confiança — e, com isso, um campo de energia onde os polos se atraem.

Às vezes, porém, o olhar do paciente é oco, diáfano. Atravessa o outro e nem o enxerga. Percebe transparências. É como se o outro não tivesse presença: um fantasma. Outras vezes, é um olhar que rejeita, desaprova.

Olhar não significa, portanto, apenas enxergar. É atribuir significado, um lugar ao outro, aquilo que lhe dá potência. Este é o grande aprendizado que o Japão oferece à cultura ocidental: como é costume entre eles manter os olhos baixos, acabamos achando que somos invisíveis. Não é bem assim: essa conduta é apenas resultado de uma cultura de respeito.

Na clínica, ocupo o papel que me dá significado na vida e que me dá *grounding* — essa sou eu, a terapeuta —, e eles reconhecem progressivamente esse significado, cobrindo-me com um olhar cada vez mais confiante.

Preciso ter a paciência de esperar, embora, na terapia corporal, outros recursos também deem muito resultado. Assim, em um país como o Japão, enquanto aguardo que o contato visual aconteça e que eu possa estabelecer uma conexão primitiva através do olhar para saber se ele é duro ou suave, se me diz que estou transparente ou não, se oferece resistência ou é acolhedor, posso trabalhar o toque, por meio de exercícios de contato com a pele e de descoberta de sensações táteis; a respiração profunda e o *grounding*, graças a atividades de enraizamento e exercícios posturais.

Tudo isso faz parte do repertório que nos oferece a psicoterapia corporal para estabelecer vínculos primitivos, que só vão acontecer, por sua vez, se se criar um campo de confiança básica. Às vezes, a ressonância não se estabelece facilmente. Por isso, trabalhamos também na dissonância — isto é, no total desencontro, quando há resistência e interferência.

Empatia, simpatia, apatia, antipatia: propulsores que fundamentam o significado que nos é atribuído e do qual decorre o lugar que ocupamos aos olhos do outro. Seja transferencial positivo ou negativo, isto é, através de ressonâncias ou de dissonâncias, há sempre um lugar sendo atribuído ao outro. Assim, é importante deixar claro, desavenças e desencontros também constroem um lugar.

Este é o grande desafio de ser terapeuta em outros países, diante de línguas e culturas diferentes da nossa: se não se tem essa certeza íntima da própria potência no lugar que se ocupa profissionalmente, é melhor nem trabalhar no exterior.

No Oriente, o grande obstáculo são os costumes tradicionais. Em outros lugares, como a Alemanha, o olhar é culturalmente penetrante. Inquisidor. Na Rússia, é desconfiado. Parece difícil ser aceito.

Por tudo isso, um dos grandes alicerces do trabalho no estrangeiro é criar este campo de confiança básica, um lugar onde polos positivos ou negativos se atraem: palco onde pessoas tecem ou desmancham vínculos.

O girassol que se perdeu do sol *case*

Eu estava no Japão, onde, além de dar treinamento para os alunos-professores do curso de Biossíntese, dava supervisão ao vivo para os seus clientes em *workshops* abertos.

Hinata não era minha aluna, era cliente de um dos professores. E então, com muito esforço, ela tentou ficar em pé. Alta, muito magra, magérrima, terno preto, gravata preta, camisa branca, quem sabe estivesse vestida como um homem? Talvez, mas ela tinha uma sexualidade neutra, indefinida.

Olhei para ela e reconheci o peso de um grande sofrimento. Aquela moça — cujo nome, em japonês, paradoxalmente faz referência ao girassol e significa um lugar ao sol, já que a planta se volta para onde houver luz e vitalidade — tinha, sem sombra de dúvida, muita dor.

Estávamos iniciando a dinâmica de grupo; eu havia pedido para que todos os alunos se dessem as mãos, formando uma corrente, etapa em que começo a reconhecer onde estão os afetos, quem vai sabotar o grupo, quem não vai, quem vai atuar como meu auxiliar em favor da integração coletiva...

Comecei com um exercício clássico da bioenergética, o *grounding*. Não é uma coisa fácil: essa postura complexa, criada pelo Alexander Lowen, se dá em círculo, para que todos possam se olhar enquanto formam uma mandala de forças. Os alunos ficam em pé, o terceiro olho aberto, conectado com o coração, a pelve solta e preenchida, a planta dos pés fincada no chão. A atividade tem como objetivo centrar cada integrante do grupo, organizando-o, para criar um vínculo primário essencial.

Assim que pedi para que todos se levantassem, ela não conseguiu se pôr de pé: não tinha forças para tanto. Recém-saída do hospital, tinha atravessado uma grave crise de anorexia, da qual quase não voltou. Estava muito debilitada. Era um sopro de vida. Alimentos sólidos lhe causavam repulsa, e havia um bom tempo que ela só consumia chás.

Diante de tanta fragilidade, eu não conseguiria investigar temas menos importantes por ora, como a relação dela com a mãe ou o pai. Era uma questão de sobrevivência: eu precisava estabelecer com ela uma identificação vegetativa para tentar salvar algo das suas funções nutritivas.

Eu não sabia o que fazer: colocá-la sentada ou apoiada numa cadeira causaria incômodo para os outros: barulho, distração, interrupção da corrente de energia. A situação ameaçava desconstruir o grupo todo.

Olhei para a professora que me auxiliava naquele momento, Liane Niche, uma japonesa, e subitamente me lembrei das africanas que carregam seus bebês nas costas, a exemplo das símias, que transpõem as matas com os filhotes no lombo. Essa foi a imagem que me veio na hora. E, então, tive a ideia de colocar Hinata nas minhas costas. Ela apoiou as mãos nos meus ombros, grudou em mim, a cabeça aninhada na minha nuca, e assim seguimos com os trabalhos dentro do grupo.

Aos poucos, senti que o corpo dela estava cedendo ao contato com o meu. Era quase uma regressão arrebatadora, uma identificação vegetativa em construção no mais profundo das minhas vísceras.

Senti aquela respiração morna nas minhas costas e intuí que ela estava confortável. Segui com as atividades. Não havia morte no corpo dela. Ele vibrava. Emanava calor. Respirava. E, respirando, o fôlego dela se misturava ao meu. Ficamos assim, em profundo contato.

Lentamente, as mãos dela se desgarraram dos meus ombros e ela me abraçou pela cintura. Foi relaxando, me envolvendo com força. Percebi que havia confiança na atitude dela; confiança e muita regressão. Naquele dia, durante todo o *workshop*, trabalhei com os demais integrantes do grupo carregando-a nas costas como um bebê.

Nos dias seguintes, depois dos exercícios, era tempo de fazer uma sessão individual com cada membro do grupo, sucessivamente.

Quando chegou a vez de Hinata, embora ela já tivesse alguma autonomia para se manter em pé, estava na minha frente tão regredida, com um sistema perceptivo de calor e cheiro tão primário — como se continuasse na condição daquele bebê que carreguei nas costas —, que aquilo suscitou em mim um movimento irresistível: eu preciso dar de mamar para ela. Se eu tenho um bebê, eu devo cuidar de dar de mamar!

Sabemos: todas as questões da anorexia estabelecidas na fase oral do bebê, na função de nutrição, se devem à falta de libido na boca. A oralidade não tem que ver com os lábios, mas com a mucosa interna da boca, a forma como o bebê preenche o oco da boca com o bico do seio da mãe.

Quis ir lá dentro para ver onde ela havia sido tão machucada nas suas funções nutritivas. Perguntei ao terapeuta dela se podia correr esse risco, se ele me daria suporte. Diante da afirmativa, fiquei certa de poder contar com mais um acompanhante terapêutico, além da própria Liane Niche. "Tenho de alimentá-la. Tenho de lhe dar o peito!", pensei.

Com um gesto instintivo, molhei o dedo com a minha saliva e o passei na boca dela.

A reação de Hinata foi de aversão: "Argh!", fez, retraindo-se.

Insisti, repetindo o gesto: precisava colocar energia e libido naquela boca, na mucosa daquela boca, para despertar alguma sensação, senão, não ia dar certo.

Uma, duas, três vezes...

De repente, também por instinto, ela pôs a mão na boca e passou a saliva dela na minha. Fez o movimento contrário. Retribuiu. Era como se estivesse envolvendo o bico do meu seio com a boca dela.

Ficamos assim, mergulhadas nessa profunda conexão que também é quase uma transgressão.

Houve muita mobilização, o grupo foi se aproximando, alguns choraram, formou-se uma roda em torno de nós duas e aquele imenso campo de energia reverberou fundo, preenchendo todos os poros do silêncio em volta: assim vivenciamos um mantra silencioso. O mantra em louvor à amamentação.

Eu trabalhei com crianças autistas, trabalhei em hospital psiquiátrico. Para mim, aquele ritual era como se eu dissesse: confio na vida.

A vida está aqui, agasalhada dentro de mim, e eu vou fazer de tudo para trazer um pouquinho dessa vitalidade para fora. Assim, depois que a gente atravessou aquele momento sagrado, muito respeitado por todos, conectada vegetativamente com Hinata, eu realmente vivenciei a experiência de uma mãe com o seu bebê.

Pedi que trouxessem alguma coisa para comer. Havia umas laranjas. Cortei uma delas e espremi um pouco do sumo da fruta na boca dela. Ela voltou a ficar enojada. Deixei a laranja de lado, recomecei o ritual com a saliva, ela foi se acalmando, de novo uma conexão corpo a corpo. Por fim, conseguimos: Hinata abria a boca, punha a língua para fora e eu espremia algumas gotinhas da laranja, como se estivesse dando de comer a um passarinho.

Houve um primeiro esforço para engolir, pois o anoréxico tem uma trava muito grande no centro laríngeo. Mas, com delicadeza, fui insistindo, insistindo e olhando para ela profundamente; ela foi aceitando, deglutindo, e conseguiu consumir meia laranja.

Abraçamo-nos e nos despedimos. No dia seguinte, Hinata me trouxe de presente uma linda fotografia, e, no dia seguinte ainda, me deu uma bolinha de isopor japonesa que a mãe dela havia feito.

O quadro de Hinata melhorou. Ela chegou a sair com o grupo para jantar, pediu tofu... mas, um ano e meio depois, morreu de pneumonia.

Na verdade, as questões de anorexia que se estabelecem nessa fase oral de nutrição e envolvem o vínculo primordial com a mãe, criando identificações e identidade, são essenciais ao longo da vida. Despertam o movimento em direção ao outro, os gestos de procura de contato. Se a mãe não estabelece essa ligação, ocorre um congelamento muito significativo da energia vital e da libido. Como um girassol que não foi aguado, Hinata se perdeu do sol.

Curioso é que a bola de isopor que a mãe dela fez para mim se transformou, de alguma forma, em objeto transicional: a mãe de Hinata estava com a gente, entre a gente. Era como uma tentativa de recuperar aquele senso de maternidade, cuja ausência congelou a boca da menina.

Hinata morreu porque a anorexia pode até retroagir um pouco: o corpo se abre por um momento, constrói uma memória de sensações gustativas, a angústia da vida e da morte regride em parte, mas o organismo paga um preço muito alto pela desnutrição.

Naquela fase, não havia mais como salvá-la. A não ser lhe oferecendo esse gosto pela vida que durou o tempo de degustar um pedaço de tofu e meia laranja.

A energia do grupo como estratégia *técnica*

Kotaro era um grande executivo no Japão. Casado, trilhando a meia-idade, tinha uma relação de muito atrito com a mulher, que repercutia a profunda angústia de ter sido abandonado pela mãe na época da Segunda Guerra Mundial.

Ele não conseguia perdoá-la. Seu sofrimento era tal que nunca havia falado a esse respeito. As palavras não eram suficientes para expressar tamanha aflição.

Começamos os trabalhos sem som: nem um gemido, nem um suspiro. Eu queria que aquela energia negativa viesse das vísceras e fosse se avolumando como um vulcão prestes a entrar em erupção.

Em volta dele, o grupo funcionou como uma barreira de proteção.

Pedi a Kotaro que caminhasse até uma pessoa que simbolizaria a mãe dele. Era um caminhar em direção ao perdão.

Ele me atendeu. Passo a passo, foi se dirigindo até aquela figura materna, mas acabou sendo tomado por tanto horror que se deteve. Não conseguiu: olhou para ela como se fixasse os olhos no vazio. Orientei-a, então, para que o colocasse no colo.

Em torno deles, mãe simbólica e filho, criou-se uma atmosfera calorosa, acolhedora: todos do grupo se aproximaram, gerando um verdadeiro campo de força emocional, energético, no qual a ressonância pôde circular livremente.

Todos estavam muito sofridos por Kotaro e choraram com ele.

Já aninhado no colo da "mãe", ele deixou escapar um primeiro gemido. Era um som acanhado, surdo. Depois, deixou vir outro lamento, mais encorpado. E mais um ainda, prolongado. Por fim, das suas tripas jorrou um grito de dor. Intenso. Profundo. Naquele momento, ele se desconectou e começou a passar muito mal, com ânsia de vômito.

A experiência foi tão poderosa que acabou mexendo com o sistema vegetativo primitivo de Kotaro. Ele foi levado para casa, onde, depois de algumas tentativas, conseguiu conversar com a mulher e redireccionar a relação deles.

Para nós, na clínica, reafirmou-se a importância do trabalho com dinâmica de grupo. Quando conseguimos estabelecer uma ressonância em torno da mesma emoção, a capacidade do envolvimento coletivo é inigualavelmente mobilizadora: é um campo de força que consegue mover montanhas.

Rússia,
um hino à pátria

Cheguei à Rússia pela primeira vez numa época em que passar pela alfândega já metia frio na espinha.

Deslumbramento. Essa é a palavra. Durante os anos 1990, aquele país maior que os Estados Unidos, austero, de tradição guerreira, com suas centenas de grupos étnicos, seu alfabeto cirílico e línguas nativas tão particulares rosnava comunismo para o resto do mundo, enquanto ainda mantinha suas fronteiras fechadas. E assustava.

Viajei com a psicoterapeuta Cristina Coltro e, logo ao desembarcar, sentimos o peso dos costumes e das tradições locais. Além do racionamento de bens de consumo, a Rússia exalava controle da vida social e patriotismo, obrigando turistas a trocar prontamente seus dólares por rublos. Essa era a primeira coisa a fazer entre estrangeiros, e os organizadores dos *workshops* dos quais participamos, com um certo senso de urgência, logo trataram de nos orientar a esse respeito.

No começo, tive pouco acesso à vida corriqueira. Havia um motorista que me levava do trabalho para casa e vice-versa, o que me impedia de andar livremente pelas ruas. Na verdade, esse era um cuidado que a direção do curso havia tomado, porque, a qualquer momento, a polícia poderia nos interpelar e pedir passaportes. Essa prudência acentuada aumentava a aflição de ser abordada.

Uma sensação de medo — espontânea ou provocada pelos tutores — me acompanhou, portanto, nas minhas primeiras viagens à Rússia. Foi somente na quarta vez em que estive no país que comecei a me atrever a perambular pelos territórios vizinhos — pequenas ruas nas proximidades do nosso alojamento, como a rua Arbait, onde se concentram lojinhas para turistas. Foi então que descobri Moscou, sua incrível arquitetura, sua arte deslumbrante e seu povo.

Para começar, é preciso dizer que a Rússia é um país que deslumbra. Sua cultura tem o poder de nos sugar para dentro da história, uma história que intimida diante de marcos como a sede da KGB, as estátuas majestosas de Lênin, o zelo em relação a legados do passado, como a casa de Dostoiévski, em São Petersburgo, e o apreço pelas obras de arte, espalhadas em museus incríveis e até mesmo nas estações de metrô.

Os russos não sorriem à toa. Diferentemente dos brasileiros, são reservados e sérios. Não têm o costume de conversar com estranhos, nem sequer de lhes dar bom-dia, o que deixa no ar um certo desconforto, como se o estrangeiro não fosse muito bem-vindo. Para eles, lealdade não é um conceito vazio. Prezam pela sinceridade e pelas amizades verdadeiras; têm princípios claros, moral rígida, e não hesitam em expressar opiniões.

São circunspectos, mas não frios: uma vez que um russo se encontra no seu círculo de amigos ou familiares, ele se torna a pessoa mais sorridente do mundo, apreciador de piadas e álcool. Tanto é que a relação que eu tenho com o meu grupo de formação de terapeutas é muito amorosa até hoje. Há acolhimento, cuidado, respeito por mim, embora eu me sinta sempre muito checada em relação ao conhecimento durante as minhas aulas. São psicoterapeutas amadurecidos, que refletem a qualidade intelectual de que desfrutam no país; gente que veio da universidade, que já tem consultório lotado.

Alunos russos, é preciso dizer, são atentos a tudo: confrontam, são incisivos, refutam informações que não lhes parecem corretas: "Quem ganhou a guerra fomos nós, os russos", costumam rebater. Além disso, sabem muito: "Na página 25 de *Análise do caráter*, de Reich, está dito que..."

Por vezes, suas perguntas vêm agressivas, mas no fim eles acabam se mostrando acolhedores e, como é costume no país, oferecem flores e presentes como testemunho de um afeto real.

Aliás, a cultura russa valoriza muito a retidão de caráter, bem como a família e a pátria. Esse patriotismo transborda pelo número de festas e feriados nacionais destinados a louvar a história do país. Tudo na Rússia transpira nacionalismo: eles têm orgulho de si, do Balé Bolshoi, do "Lago dos cisnes" de Tchaikovski, dos escritos de Dostoiévski, dos poemas de Maiakóvski e até mesmo do seu caviar, da vodca e das suas matrioscas.

Essas bonecas de madeira simbolizam a fertilidade, o amor, a maternidade — e se há algo que se cultua, na Rússia, é o respeito pela Mãe-Terra, que se confunde com a exaltação da Mãe-Pátria. Em Volgogrado (antiga Stalingrado), há uma estátua enorme representando a imagem épica dessa Mãe-Pátria, espada em punho, figura alegórica de um país chamando seus filhos para protegê-lo dos invasores, em torno da qual estão enterrados mais de 30 mil soldados russos.

A Praça Vermelha, de onde partem as principais ruas da cidade, é de uma estética, de um colorido deslumbrante e intenso. A celebração da pátria, a neve, a evocação dos principais símbolos do país, seus heróis e regentes, a liturgia ortodoxa, como a catedral de São Basílio, joia da arquitetura do país com sua paleta de cores vivas, tudo isso jorra em muitos tons de vermelho, verde, ocre. Não é uma coloração tropical, mas aquilo vai nos colocando em um estado onírico, como se estivéssemos entrando em um conto das *Mil e uma noites* de Sherazade.

Moscou é uma cidade que gira em círculos: os bulevares, cada qual circundando um menor, também trazem representações inconscientes para o turista, como se ele estivesse em um labirinto.

Ao longe, as Sete Irmãs vigiam o horizonte; são sete arranha-céus suntuosos, de proporções gigantescas, espalhados pelas ruas da cidade, que foram construídos no período stalinista. Não há como ignorá-los: para onde quer que se olhe, há um deles a nos espreitar para lembrar a história do país.

Um é a Universidade Estatal de Moscou; outro, um hotel; o terceiro, sede do ministério das Relações Exteriores... Todos eles espelham a pujança da era comunista e, em especial, o poder e a influência de Josef Stálin.

Aliás, apesar do que nos conta a história, o líder soviético continuou arrebatando seguidores no país até mesmo depois da sua morte. Certa vez, eu estava em São Petersburgo quando fui surpreendida por um desfile de mulheres que carregavam um cartaz enorme, onde se lia: "As viúvas de Stálin". Aquilo me impressionou muito, porque, a despeito de ter matado mais gente que o próprio Adolph Hitler, para parte da população russa ele foi o herói que deu comida, trabalho e moradia.

Com o tempo, surgiram todos os supermercados que se veem agora, restaurantes sofisticados — um destes, muito especial, onde se encontravam outrora os principais escritores que haviam recebido de Stálin a permissão para se reunirem.

Hoje, consigo andar sozinha nas ruas, ou de metrô. Dependendo da estação, se tem a impressão de estar em plena Ucrânia, ou em meio a trabalhadores que mexem com a terra, ou entre policiais armados, todos eles representados por estátuas de ferro enormes, com detalhes dourados, que evocam fragmentos do passado.

Penso que o fato de eu ter ido para a Rússia muito mais no inverno do que no verão, quando a neve é compacta e volumosa, ajudou a criar um certo mistério na minha representação do país. De todo modo, aquele clima frio ajuda a ser introspectivo e olhar mais para si.

Na primeira vez em que fui dar aula na Rússia, acabei me hospedando na casa de uma professora universitária, que alugava seu imóvel para membros do grupo sempre que viajava. Uma experiência bem diferente de estar em um hotel.

Entrar na casa de uma docente russa, com seus livros, seus bibelôs, seus pertences, era como se eu estivesse sendo recebida na casa de alguém do país. Também tive a sorte de me hospedar no primeiro *flat* que Stálin construiu: por fora, um horror; por dentro, maravilhoso.

Na parte externa, tinha uma mulher encorpada que, à maneira de um autêntico soldado soviético, tudo observava do seu posto numa cabine envidraçada: ela me via passar, olhava, sabia quem eu era, quase adivinhava para onde eu ia. Era impressionante. Em volta, era tudo meio sujo, bagunçado, mas quando se abria o apartamento a estética russa saltava aos olhos com inigualável vigor!

Assim, entendo que a beleza russa é seu interior. E a descoberta... Esta acontece de fora para dentro.

A boneca espanta maus espíritos *case*

Para expressar sua gratidão por tê-la ajudado a atravessar aquele momento de verdadeira "reencarnação", Anastasiya, cujo nome, em russo, faz muito acertadamente referência "àquela que tem força para ressuscitar", me trazia todo ano uma boneca que ela mesma costurava.

Eram fadinhas maiores ou menores, feitas de palha e vestidas com panos rústicos, que simbolizavam a alma rural da Rússia e evocavam os trajes dos camponeses que trabalhavam a terra no início do século 20.

— É para protegê-la nas suas viagens — explicava.

Essa jovem russa representou para mim um caso muito especial, que exigiu um trabalho intenso: Anastasiya era uma pessoa retraída em relação ao grupo, que se sentava num cantinho e não abria a boca. Eu lhe dirigia a palavra, fazia perguntas, e ela não interagia. A terapeuta dela, sempre presente nas sessões, de alguma forma a protegia do contato social: "Deixe-a. Ela é muito sofrida. Machucada". Anastasiya passou dias sem fazer contato visual comigo, sem sequer permitir que a tocassem.

Eu percebia como era estranha ao grupo e como manifestava uma forte retenção de energia. A falta de comunicação e aquele silêncio contumaz também me chamavam a atenção.

Eu a coloquei num *grounding* encostada na parede, com os pés no chão, mas não queria que ela ficasse solta no meio da sala, porque isso a deixaria muito isolada. Então, eu a pus naquela posição e lhe pedi para dizer:

— Venha, venha.

Ela me atendeu e eu obedeci: fui na direção dela, me aproximei devagar, fiz um contato de corpo a corpo tão pausado e profundo, rompendo devagar a repulsa dela, que ela acabou caindo em desespero.

Estávamos no teatro Dubrovka, palco de um atentado checheno ocorrido dois meses antes, que resultou na morte de pelo menos 170 pessoas. Havia ainda um clima pesado no ar.

Anastasiya se encontrava no fundo da sala. Quando experimentou aquela proximidade profunda, que lhe dava a sensação de que algo íntimo dentro dela havia sido rompido, ela se pôs a correr por todo o teatro, gritando, como se tivesse ido às profundezas do inferno, como se estivesse em transe.

Fui atrás dela. Não a deixei sozinha. Acabei por encontrá-la em um cantinho da sala, acocorada, em prantos. Novamente, bem devagar, fui ensaiando fazer contato, tocando a pele dela de leve. Ela se deixou estar, até que, subitamente, veio se aninhar no meu colo e me agarrou com força.

Então, naquele momento eu tive certeza de que a minha ressonância estava correta: eu precisava de fato romper algo. Explico: muitas vezes, o próprio terapeuta tem receio de ir um pouco mais a fundo numa sessão — uma palavra a mais, uma interpretação, um trabalho corporal que vá além do que suporta o paciente, e isso pode desestabilizá-lo.

Ficamos ali, algum tempo, até ela se recuperar, e eu a trouxe de volta para onde estávamos. Ela se sentou no lugar dela, ainda muito ofegante, e foi se acalmando. Pedi aos membros do grupo que continuassem os exercícios com naturalidade. No final do dia, pensei: "Ela não vai voltar". Mas ela voltou, e muito mais aberta.

É preciso dizer que as condições para trabalhar essa aproximação eram extremamente propícias: estávamos em um *workshop*, e o trabalho em grupo cria um campo de conexão muito maior do que a sessão individual. Além disso, eu não estava sozinha com ela; a terapeuta dela estava presente, o grupo inteiro estava lá.

Ela pôde extravasar seus sentimentos quando se sentiu profundamente amparada, abraçada, com o seu corpo em contato com outro corpo, porque eu tinha apoio de todos ali, eu acreditava na minha ressonância com ela e estava confiante na minha escolha.

Esse foi um *turning point*[9] para Anastasiya. O que senti ao fazer conexão com ela não foi bem um renascimento. Foi uma reencarnação. Psicologicamente, uma metáfora da reencarnação.

Ela estava muito dissociada, vivendo uma existência muito pobre, totalmente quebrada, porque não era capaz de estabelecer conexões. Era como se estivesse fora de si, vagando no espaço (*space out*), tão esquizoide que não corporificava. Na medida em que se faz um trabalho profundo, de resgate do *self*, da própria energia, a pessoa cai em si e reintegra o seu corpo. Falamos em *reencarnar*, que é quase colocar a alma de volta no corpo, corporificar o indivíduo para que ele se sinta de novo assentado na própria existência.

Como terapeuta, eu sabia que Anastasiya estava faminta de contato. Apenas não tinha meios de vencer sozinha suas fobias sociais. Quando ela se aninhou no meu colo, no fundo do teatro, senti que ela tinha se soltado e havia superado o medo.

No primeiro momento, o grupo entrou em choque. Eles tinham ficado com a terapeuta dela quando ela saiu correndo da sala. Meu assistente, Fernando Cariello, que me acompanhou nessa viagem à Rússia, também me deu um grande suporte naquela oportunidade.

Embora Anastasiya já fosse bem aceita pelo grupo, ficava quietinha, no canto dela. Ninguém mexia com ela. A única pessoa que ousou lhe dar um abraço fui eu. E surgiu, então, aquele desespero, expressão de uma verdadeira fobia de contato. Esse foi um caso muito interessante porque duradouro: não por minha causa, mas graças à terapeuta dela, que é excelente profissional. Não tem mágica: a partir daí, elas continuaram o processo de contato, muito importante para Anastasiya.

Hoje, ela acredita mais na possibilidade de estabelecer vínculos, está mais disponível para conexões. Cada vez mais sem medo. É como se, a partir daquele momento — que não a matou, nem a mim —, ela conseguisse fazer novas sinapses e acreditar que o contato profundo não mata. Como agradecimento, ela passou a confeccionar essas bonecas e todo ano me trazia uma de presente. Dizia que espantam maus espíritos. Essas fadinhas e a iniciativa dela, de vir me ver sempre que eu me encontrava na Rússia, me emocionam muito ainda hoje. Ela vinha e me abraçava forte, agradecia, falava em "proteção".

Quando o *workshop* terminou, no ano seguinte, embora ela estivesse muito melhor, eu cheguei a pensar em regressão: ela vai voltar ao seu estado anterior, imaginei, porque muitas vezes o corpo se abre, mas o psiquismo não acompanha, então o quadro volta ao que era. Mas, na verdade, como ela estava acompanhada por uma excelente profissional, ficou claro para elas que era preciso seguir na mesma linha: não há existência plena sem que se construam vínculos.

Batom vermelho
para desmascarar uma dor *técnica*

— Eu estou com o rosto cheio de sangue!

— E eu sou uma guerreira do futuro. Não quero viver o momento atual.

Eram 35 janelas, cada qual com um aluno *online*, participando do grupo de formação em Bioenergética, cuja escola na Rússia eu dirijo. Tema da aula: as estruturas de defesa caracterológicas e os caráteres fálicos do narcísico e da histérica. Material para os exercícios práticos: batom vermelho.

A primeira aluna expressou vergonha da guerra que seu país trava contra a Ucrânia. E temor. Cobriu a face inteira de vermelho-sangue ao atender às minhas orientações: os alunos tinham de dar as costas para a câmera e desenhar no próprio rosto uma máscara com o batom.

A aluna se lambuzou de maquiagem carmim; só deixou de fora os olhos. Rubor? Raiva? Constrangimento? Na face dela, o medo da morte e a dor do conflito — sinais característicos da histérica, mas, também, traços mais endurecidos: "Essa guerra vai se arrastar por muito tempo ainda, então eu preciso viver com ela dentro da minha cabeça".

A segunda aluna, uma mulher muito bonita, parecia realmente sair de uma espaçonave. Fez uma linda pintura, cobrindo o rosto de raios e faíscas. Era uma alusão a essa descarga de energia cósmica que representa o confronto armado. "Gostaria de estar numa galáxia longínqua", justificou.

Outra se costurou inteira com batom: a boca, os olhos. Eram linhas horizontais e verticais que se cruzavam sobre o seu rosto, gerando quase um Frankenstein incapaz de se expressar.

— Quer dizer algo? — perguntei.

Ela não quis.

Em uma das janelas, uma jovem se apresentou com traços que evocavam uma gaiola. Era "uma cadeia".

— Por que a prisão? — questionei.

— Porque todos os homens da minha família foram encarcerados durante a guerra: meu avô, meu pai... Eu carrego esse peso até hoje.

Outro fardo para uma delas: o abuso sexual. Avó, mãe, filhas — todas haviam sofrido algum tipo de violência durante a Segunda Guerra Mundial, trauma que foi representado com motivos campestres, flores, corações, folhas e, em seguida, aguado com intenso choro.

Para ajudá-la a dar voz a todas as mulheres da sua família, pedi ajuda ao grupo. E todos participaram da formação daquele lamento, uma experiência mobilizadora e muito intensa.

— Foi transgeracional para mim! Consegui dar um basta aos abusos de todas! — concluiu a aluna.

Um dos homens presentes havia esquecido de levar o seu batom. Mas ele tinha um creme de pele e pintou o rosto todo de branco.

— Você quer falar da sua máscara para mim? — perguntei.

Ele não quis:

— Não quero olhar o grupo e nem falar nada para você.

Pedi que todos fechassem suas janelas e fiquei só com ele *online*. Ele estava verdadeiramente atormentado:

— Eu tirei a máscara e eu estou nu aqui. Quando me vi, levei um susto, porque percebi quanto a minha vida está estéril, como um deserto. Meu pai era alcoólatra, abandonou a minha mãe, eu cresci praticamente sozinho. Não tenho mais interesse nem prazer por nada; nem ereção tenho. Não sinto o sabor da comida, nem gosto por coisa alguma. Quando eu me vi todo branco, pude olhar para dentro de mim e perceber o terrível momento que estou vivendo. Sem tesão, sem gosto, sem cheiro, sem sentir absolutamente nada...

Esse foi o comovente relato dele, baseado em um forte trabalho de confiança básica, que procuro desenvolver nas minhas aulas.

Por que máscaras? Máscaras de tribos primitivas, de pajés, de abusos, de medo e desolação? Porque são exercícios mobilizadores de emoção. Nesse caso, em muitos alunos, o impacto emocional da guerra que opõe a Rússia e a Ucrânia, a angústia, a vergonha do momento atual... Isto é, o conflito com a Ucrânia mexe demais com o inconsciente deles. Mas há também outras dores, tecidas com sentimentos distintos.

Como conduzimos?

É fechar os olhos, não se olhar no espelho e deixar aflorar o que estiver refreado. É como se fôssemos trabalhar o corpo no seu estado mais genuíno, com a consciência afiada de trazer o inconsciente à tona: a busca daquela essência de mim mesmo que não vejo, nem sei que existe.

Primeiro, fazemos um trabalho profundo de *grounding* — respirar, internalizar, sentir a porção de si que se mostra para o mundo, perceber se essa *persona* protege ou não. Em seguida, os alunos dão de costas para a tela, se pintam com o batom e só depois podem olhar a máscara que desenharam.

Quando cubro essa porção de mim que costumo mostrar ao mundo, usando o batom ou até mesmo papel-alumínio, é como se o corpo despertasse, pois o histérico tem como característica viver numa fantasia de pensamentos: na psicossomática, o corpo serve para criar sintomas, somatizar.

O exercício faz parte do estudo teórico da máscara como escudo social e simbologia do *self*. Posso me esconder dentro da minha máscara, e aquilo que transpareço não é aquilo que sinto. É uma defesa, a primeira camada de mim mesmo que ofereço ao mundo.

É também um exercício que permite trabalhar com o conceito de coragem — e entendemos coragem, aqui, como a origem do *core*, o centro de si mesmo. Nesse sentido, durante os trabalhos, vou instigando os alunos a ter coragem de pintar um pouco mais, para realmente mostrar a máscara, seja ela do medo, da vergonha, da angústia ou da ansiedade.

Aqui, a importância do grupo é estratégica, na medida em que poucas pessoas tomam a iniciativa de justificar o que criaram. Mas, partindo desses casos individuais, sempre é possível estabelecer formas de o grupo todo participar. São esses exercícios formulados a partir de conceitos teóricos, aos quais se agregam técnicas de *workshops* propostas por Emilio Rodrigué e Martha Berlin e alguns preceitos do psicodrama, que permitem juntar a psicanálise e o trabalho corporal.

Na Ucrânia,
o elo que se perdeu

Embora vizinha da Rússia, a Ucrânia, para mim, é uma terra sem rosto, onde nunca pus os pés até hoje. Um país desfigurado pelo sofrimento, inchado pelo choro contínuo, traumatizado pela guerra.

Comecei a trabalhar com um grupo de refugiadas ucranianas depois que elas conseguiram atravessar a fronteira e entrar em um dos países da Europa dispostos a acolhê-las. Fugidas do seu país natal, agora um campo de batalha em grande parte devastado pela Rússia, elas chegaram a lugares como Polônia, Eslováquia, Romênia ou Moldávia, trazendo nos olhos o medo, a consternação, o luto. Passo a passo, semearam pelo caminho pesar, xenofobia, privação e a saga do contrabando de mulheres e crianças.

Os seus relatos, uníssonos, salteados, áridos, representavam inicialmente uma febril colagem de sílabas, reproduzindo uma sequência de fatos incontroláveis: explosões, sirenes, passaportes, malas, despedidas, escuridão, frio, filhos no colo, exaustão...

Histórias repletas de tristeza, angústia compartilhada e um senso de comunidade inabalável. Dos abrigos antibombas, onde passaram vários dias, ao acolhimento humanitário sob tendas montadas por toda a área fronteiriça com a Ucrânia, a narrativa da salvação foi sendo urdida com muita dor e resiliência.

Mulheres doravante sem maridos, pois os ucranianos homens com 18 a 60 anos haviam sido obrigados a ficar no país para engrossar a resistência — não bastasse a difícil tarefa de protagonizar uma ruptura do núcleo familiar, elas haviam sido obrigadas a fazer escolhas impossíveis, às vezes deixando para trás os próprios pais, essas mesmas pessoas idosas que, impossibilitadas de fazer a travessia, haviam pedido, sem hesitação, para que salvassem seus netos.

Quanto tempo andaram? Quanta desesperança enfrentaram pelo caminho? Quantas lágrimas verteram? Mais que tudo, qual é a força do contrapeso para seguir adiante até encontrar acolhida?

Quando comecei a trabalhar com o grupo de refugiadas ucranianas, o que vi foram histórias aniquiladas, essências destroçadas, sonhos esvaziados. Mas, acima desses destinos ceifados, havia no ar apego à vida. E uma força arrebatadora para seguir adiante.

Nem pandemia, nem fome, nem cansaço: para essas ucranianas fugidas da guerra, o que existia era um profundo instinto de sobrevivência, ditando a premência de se manterem em movimento até encontrar algum lugar onde pudessem se assentar.

Lutar, correr, perseverar e não fugir. Enfrentar. Quando trabalhamos com gente que está na iminência de morrer, todo o sistema nervoso de luta e fuga dá o comando de seguir em frente, incansavelmente, e os instintos mais primários do homem despertam, como se ele fosse um animal se defendendo do seu predador.

O trabalho, nesses casos, é muito difícil. É como se, por um lado, houvesse uma dissolução da identidade e, por outro, essa voracidade de viver, esse ímpeto de sobreviver.

Então, todas as questões associadas à individualidade desaparecem. Tristeza e assombro diante da situação, mas também obstinação e apego à vida se misturam.

Sair de um país em guerra é um pesadelo tão angustiante que o fato de chegar finalmente a algum porto seguro parece um sonho bom. Nessa travessia, deixa-se de lado muita coisa: crenças e valores desaparecem e esse instinto de sobrevivência é tão forte que se torna uma verdadeira luta coletiva, como cães selvagens numa matilha.

Diante dessa necessidade de preservar a vida, o ego fica tão forte que perde o contato com a alma. Nesse momento, ele se torna dominante, dá a ordem de lutar, e o mundo interno desaparece. É como se houvesse uma quebra entre o ego e o *self*, e a vida deixa de ter poesia, arte; enfim, toda a tessitura psíquica de que o ser humano precisa acaba se esgarçando.

Dureza — inclemência do momento presente —, nada, nada tem importância a não ser permanecer vivo. Nesse momento, terapeutas como nós não têm de ficar vasculhando a espiritualidade e a sensibilidade dos clientes. Nem ética, nem julgamentos morais: o profissional deve pensar em uma condição muito mais abrangente, que é o vasto campo da sobrevivência. Quando se está numa guerra e se avista um pedaço de pão, se faz qualquer coisa para alimentar o próprio filho. Quanto ao vizinho, este vai morrer, sim.

A emergência dos instintos primários de sobrevivência acontece com muita força. E é importante que seja assim. O terapeuta que não souber lidar com isso e ficar com seus julgamentos esquece que a vida é feita de um processo energético de respiração e alimento. Comer, respirar, dormir. São três coisas básicas. E a questão fica muito mais estabelecida quando a mãe está acompanhada de um filho, porque ela se torna uma leoa para protegê-lo, exatamente como se vê no mundo animal. Trata-se também, intimamente, de lutar pela sobrevivência da própria espécie.

Eu já tinha trabalhado com pessoas muito marcadas pela luta pela vida. Quando encontrei essas refugiadas, fiquei me perguntando como penetrar um pouco no universo delas para que conseguissem compartilhar seu sofrimento.

Antes de mais nada, elas tinham de olhar para mim. Eu me coloquei receptiva à fala delas e acolhi as angústias que estavam acumuladas. Elas tinham uma necessidade quase verborreica de falar a respeito do trajeto que percorreram: o trem onde ficaram amontoadas; depois, a travessia de barco; o medo de não saber para onde estavam indo, a agonia de proteger as crianças. Esse acolhimento da primeira etapa dessa jornada, a escuta profunda dessa dor, se estendeu por horas.

A narrativa da salvação precisava ser elaborada; elas tinham muita ansiedade e eu, como terapeuta, não podia tratar desses estados ansiógenos a não ser escutando o relato delas. Quando, por fim, elas se aquietavam em relação a um aspecto dessa travessia, aparecia outra coisa:

Eu preciso contar que não tinha comida... Eu tenho de dizer que o trajeto foi muito desgastante... Eu quero explicar que estava com muito medo de ser apanhada no meio do caminho... Eu preciso falar que não sabia se podia realmente confiar que eles estavam nos tirando daquele campo de batalha...

Depois dessa narração que sempre me tocava profundamente, e muitas vezes me levou às lágrimas, eu podia então iniciar os trabalhos de respiração profunda.

— Ponha a mão no coração, a outra debaixo do umbigo e vamos inspirar.

Quando trabalho a respiração, inspiro e crio um espaço de intimidade comigo, vou para dentro de mim mesma e me encontro comigo. Quando expiro, eu me individualizo: esse é o meu espaço.

Dessa forma, trabalhar com elas não foi fácil por dois motivos: primeiro, porque eu tinha de individualizá-las, isto é, tirá-las dessa uniformização, dessa ideia de estarem todas juntas no mesmo barco... Nesse movimento de massificação, elas perdiam identidade e o grupo se tornava uma só voz, uma única pessoa. A dor de uma acabava sendo a dor de todas.

Mas quando trabalhamos esse processo respiratório, pelo qual ao expirar eu me individualizo, elas eram levadas a pensar nas próprias angústias, e não se vinculavam mais ao grupo todo, graças ao qual, para sobreviver, há um processo de adesão profunda e pertencimento.

Eu pedia que uma desse a mão à outra, para formar aquela massa de inconsciência, e começava então a tarefa de individualizá-las, para que elas pensassem nas próprias feridas individualmente. Foi um trabalho muito delicado. Um trabalho de grupo, e também individual. Muita observação. Como diz o terapeuta José Alberto Moreira Cotta, *trainer* internacional de biossíntese, é no momento em que se está diante de pessoas muito sofridas que se impõe, na terapia, o destino do sofrimento.

Que destino dar ao sofrimento de cada uma delas? Quando essa dor fica individualizada, como se pudesse ser cortada com uma faca, vem a pergunta: o que fazer com tudo isso?

Elas já eram sobreviventes: haviam conseguido poupar a própria vida; podiam respirar, se alimentar, dormir. Agora o sofrimento se tornaria mais intenso, como um estresse pós-traumático. Muitas vezes, este é pior do que o próprio estresse. Nesse momento, o organismo está todo preparado para lutar ou fugir. Depois é que vêm as doenças, os sintomas, as angústias, as depressões, as sensações de morte. O pior se estabelece no estresse pós-traumático. É quando o terapeuta se confronta com aquele questionamento: que rumo dar ao sofrimento?

Nesse momento, o grupo é muito importante: ajuda a atenuar a dor. Uma se apoia na outra, e elas formam uma roda de energia para alcançar metas, objetivos, como resgatar seus homens dos campos de batalha. Isso lhes dá propósito: como encarar a guerra a partir desse momento.

Na clínica, depois de trabalhar a escuta e a respiração, fiz uso do desenho. Eu levava lápis e papel para que elas pudessem rabiscar, desenhar, esboçar ideias e sentimentos. Essa expressão gráfica do desenho foi libertadora: poder dar forma ao que se deixou para trás. É como se elas fossem tecendo a possibilidade de criar um vínculo, um fio vermelho de memória.

— Perdi minha casa, meu jardim, minhas referências, mas não perdi a memória. A minha história continua viva para mim.

Assim, muitas delas conseguiram colocar no papel não casas destruídas, mas lares sólidos, assentados, inteiros, de que lembravam. Algumas retratavam a sala de jantar, o que havia sobre a mesa, o quarto, a lareira, as peças de roupa nas gavetas. Outras não desenhavam, expeliam rabiscos fortes, que expressavam muita raiva.

Mas o fato de a vida anterior e essa memória preservada serem trabalhadas, tocadas, representou a possibilidade de dar um destino ao sofrimento. O neuropsiquiatra austríaco Viktor Frankl, que sobreviveu a um campo de concentração, só conseguiu superar o trauma do Holocausto porque tinha um propósito: ele queria encontrar a sua família.

Diante dessas refugiadas, eu me lembrei da história dele e pensei que elas precisavam encontrar um propósito, uma lembrança do que queriam recuperar. Pois o que elas quisessem recuperar seria a organização de uma decência mínima, daquele momento em diante.

Nesse sentido, o trabalho com desenhos foi fantástico, porque elas puderam dar vida a representações organizadas, inteiras, e não fragmentadas ou em ruínas — prédios explodindo, tetos ruindo, estruturas desmoronando.

Esse trabalho deve continuar para delinear realmente um futuro para elas. As terapeutas delas darão continuidade a esse trabalho e eu farei a supervisão.

O que extraio disso tudo para a minha vida? Primeiro, o reconhecimento do sofrimento alheio. Depois, a oportunidade de sair da minha zona de conforto. Toda vez que eu pensava na minha história, nesse apego à minha posição de classe média, essa qualidade de vida de que desfruto, eu me organizava para perceber que não estava fragmentada como elas e podia, portanto, ajudá-las. Sentia uma grande força interna, vinda da minha própria condição de vida, que dirigia meu olhar para o outro, na direção da sua própria perspectiva — pessoas no limite de suas forças em defesa da vida, enfrentando provações, traumas, desafios —, e reconhecia esse sofrimento sem julgamento, sem crítica. Eu aprendi a ter esse olhar sobre a dor alheia.

Quando se está lidando com vida e morte, outra coisa importante é aprender que a onipotência não serve para nada. É como ir envelhecendo: a morte vai acompanhando. Mas eu não fico dialogando com ela o tempo inteiro. A vida é para ser vivida. Enquanto ela estiver aí, a gente vai tocando do jeito que dá. Há pessoas que dialogam muito mais com a morte do que com a vida. Mas a vida ainda está na minha frente. Então, eu pensava muito mais em oferecer uma presença emanando vitalidade e esperança do que uma presença exalando morte. Elas também tinham uma presença que transpirava superação e sobrevivência. Com isso, não tínhamos um diálogo intenso em torno da morte. Acho que isso também ajudou a construir propósitos.

A aprendizagem de estar com o outro com compaixão, sem crítica, sem julgamento de valores e sem achar que o curso da vida acontece do jeito que a gente idealiza é um abrir mão desse apego pelas coisas certinhas, bem determinadas, para olhar o que o outro ensina.

Eu ensino com minhas técnicas. Mas eu não tinha sequer o domínio da língua delas. Esse é o momento de se despojar de si. É, ao mesmo tempo, hora de não se perder de si.

Em biossíntese, David Boadella fala de três presenças importantíssimas: uma presença única, através da qual o terapeuta não se perde de si mesmo; uma presença dupla, quando ele está com o outro, mas não se perde de si, pois guarda o seu mundo interno; e a presença tripla, que é todo o *environment*[10], o campo de forças que uma relação cria.

Diante desses ensinamentos, eu procurava não me perder de mim, mas estava livre de mim mesma para poder estar com elas. Livre de crenças, da minha ética, dos meus valores, da minha moral, da avaliação do outro, para não me transformar em um carrasco.

Outra grande aprendizagem é trabalhar com polaridades: enquanto buscava aterrá-las — e aterrar é muito mais do que *grounding*, é ir ao centro da terra —, eu tinha, ao mesmo tempo, de ajudá-las a flutuar. Caso contrário, como elas conseguiriam contar suas histórias, ler histórias para as crianças, reconhecer a própria humanidade?

Há um filme incrível sobre um grupo de mulheres que foram aprisionadas em um campo de concentração japonês: *Um canto de esperança*, do diretor australiano Bruce Beresford. Pouco a pouco, os japoneses iam tirando todos os desejos de vida das cativas. Mas, todos os dias, elas se organizavam para tomar chá juntas, às cinco horas da tarde. Ou seja, a âncora que mantinha a vida fincada no coração delas era o ritual de tomar chá — além do coral, é claro. O que fez com que essas inglesas sobrevivessem em um campo de concentração japonês? Um costume arraigado, uma liturgia pela qual elas se reconheciam.

Com essas refugiadas, o objetivo era parecido: recuperar os rituais por meio dos quais elas seriam capazes de tecer a própria identidade e restabelecer esse senso libertador de familiaridade com a vida.

Israel:
o deserto arado

Israel é uma caixinha de surpresas atemporais e experiências místicas. O ar carrega o cheiro dos mercados de rua, do Mediterrâneo, de especiarias orientais milenares, como a pimenta síria, o gergelim, a hortelã. E sua gente — as sabras em especial, mulheres nascidas no país cujo nome também designa uma fruta local, espinhosa por fora e muito doce por dentro — é a mais perfeita representação do guerreiro que, na Bíblia, defende suas terras com bravura e resistência, sem jamais perder a alma terna e o senso do sagrado.

Estive em Israel nos anos 1990, a convite da terapeuta corporal Esther Frankel, coordenadora do grupo de formação em biossíntese, e ali trabalhei por muitos anos.

O primeiro sentimento que me despertou o país foi ansiedade. Em Israel, o chão é sacro; os itinerários, santificados, mas nunca se esquece a guerra. É possível que não haja conflito declarado naquele exato instante, mas o terrorismo está sempre à espreita. Bombas explodindo, metralhadoras e punhais cuspindo sangue podem estar dobrando qualquer esquina, a todo momento.

Um estado militar, armado até os dentes. Mulheres elegantes, vaidosas; outras uniformizadas, carabina no ombro. Toda uma juventude de arma em punho, a serviço da defesa do país; centenas de idosos desenvoltos, independentes, donos de si, carregando as próprias compras e contrariando o tempo.

Angústia em meio a um cenário idílico, inspirado nas mais belas praias de Copacabana, com seus calçamentos bem cuidados, seus quiosques sortidos, seus atletas saudáveis e aquelas águas-vivas belíssimas, que formam distantes pontos de luz coloridos no mar: isto é Tel Aviv, cidade cosmopolita, ocidentalizada, pulsante, jovem.

Na capital, paira a polaridade entre o perigo e a salvação: se, no primeiro momento, a militarização choca, aos poucos ela vai trazendo uma sensação de segurança e inspira tranquilidade.

Para entrar em um shopping, tive de tirar os sapatos, passar por equipamentos de detecção, abrir a bolsa, até mesmo me deixar revistar: sentimentos que remetem à guerra. Uma vez assimilado esse costume local, a presença do Estado em todos os lugares é protetora. Sugere paz.

Israel é isto: Nova York nos confins do deserto; a modernidade no Neguev. Mulheres guerreiras, de um corpo sólido e uma força interna surpreendentemente feminina. Homens que ainda alimentam o inconsciente coletivo de lembranças do Holocausto. E, a despeito do sofrimento vivido, um senso de vida atual, palpitante, do nosso tempo.

Jerusalém é pura hipnose. Túnel do tempo. Um grande caldeirão onde fervilha a fé de três religiões, desde os tempos mais remotos. A via-sacra, na Cidade Velha, que percorri sozinha, sem participar de nenhuma excursão, é um labirinto de ruas seculares que transpiram as últimas horas de vida de Jesus antes de ser crucificado. Entre capelas, igrejas, marcações de rua, peregrinos e vendedores ambulantes, a chamada Via Dolorosa vai destilando suas dores.

Atravessá-la é uma experiência mística: quando me vi diante do Santo Sepulcro, na sagrada basílica, no lugar mesmo onde Cristo foi enterrado, senti uma energia à minha volta que me deixou quase sem ar. Era como se estivesse sendo literalmente tragada pela história.

Mas a experiência maior foi diante do Muro das Lamentações. Homens de um lado, mulheres de outro. Uma grande cerca separando as duas zonas de oração. Uma reza cadenciada, em voz alta. Salmos repetidos em coro, acompanhados de movimentos de cabeça frenéticos. Um refúgio de pombas brancas, mensageiras da paz. Frestas, vincos e rachaduras da pedra preenchidos com pedaços de papel contendo súplicas e pedidos trazidos de todas as partes do mundo, na esperança de que a mensagem seja levada a Deus: tudo isso me fez levitar!

Acima dessas ruínas do Segundo Templo judaico, que foi erguido após a destruição do primeiro — este construído pelo rei Salomão, séculos atrás —, tremulam três bandeiras no céu, a de Israel e as das forças de segurança. Em terra, um prédio da Praça da Oração exibe seis estrelas formando uma palavra em hebraico: *lembrar*. Que deslumbre!

Estar ali, tocar naquele muro, colocar meus papeizinhos nas cavidades dos tijolos: poucas coisas me emocionaram mais na vida. Emoções vivas, tão vivas quanto esse muro, que vibra e hipnotiza, a ponto de ser norma não sair de lá de costas para ele.

Penso que esse foi um dos momentos mais sagrados que vivi. Estive ali outras vezes, mas a sensação foi sempre a mesma. A energia que emana do local é quase atordoante. Tira o chão. É como se atravessássemos um portal. Sem entender nem falar hebraico, fiz minha própria oração. Pedi com as palavras que conheço. Mas, com toda certeza, atravessei uma cortina de energia e experimentei um estado de consciência novo.

Outra experiência inesquecível foi entrar no mar Morto e flutuar sem esforço nas suas águas salgadas. A sensação de estar suspenso naquela água morna, tão escura, e de se recobrir de uma lama preta, que faz tão bem à pele, é outro grande prazer que Israel oferece.

Também fiz uma visita de fim de semana a um *kibutz*. Lavei louça, outros fizeram as camas: cada qual com suas tarefas.

Eu era a única não judia. Isso suscitou algum estranhamento no grupo, mas, por mais que a comunidade fosse fechada, fomos nos abrindo, conversando e, no fim, saí de lá sem nenhum sentimento de xenofobia. Ao contrário, foi uma experiência incrível, porque eu nunca tinha estado em uma comunidade estabelecida numa porção de terras tão remota, de fronteira, e tão fortemente armada.

Todos ali trabalhavam por todos: uns cozinhavam, outros faziam a faxina. Crianças, todas juntas; adolescentes, em grupo. Era praticamente impossível entender quem era mãe de quem, quem era pai de quem.

Isso foi de um grande aprendizado para mim, perceber o tipo de educação que nós, ocidentais, damos, e que cria tamanha simbiose que acaba infantilizando os nossos filhos. Em contrapartida, o que vi naquele *kibutz* foram crianças soltas, autônomas, capazes de cuidar de si mesmas.

Também não vi nenhum casal discutindo, brigando, trocando farpas. As mulheres pareciam felizes, conversando entre si. Os homens, de seu lado, estavam entrosados entre si. Acho que havia tanta coisa por fazer no dia a dia — lavar, passar, cozinhar, cumprir tarefas religiosas na sinagoga, cuidar da horta e do outro — que mal sobrava tempo para desavenças.

O que me proporcionou conhecer o país? Israel zela pela história, suas dores, suas chagas e, ao mesmo tempo, nos brinda com um senso de comunhão com a atualidade, o novo. Duas rotas do tempo que vão dar num deserto arado.

O clamor de uma surdez *case*

A guerra tem o seu peso no imaginário coletivo. Mais ainda os conflitos atemporais, que cavam seu caminho no inconsciente da sociedade, ganham contornos de trauma e passam a assombrar os indivíduos por toda a vida. Soldados como Yitschac, israelense de uns 50 e poucos anos que participou do nosso grupo de formação, são faróis que pulsam esse mal-estar coletivo. Ele veio à sessão com sua dor, seu medo. Deprimido, abandonado, desconfiado, negativo. Traumatizado.

Deitou-se. Começamos um trabalho de respiração profunda, olhos fechados. Ele foi relaxando o corpo, cada vez mais fortemente entregue ao chão no exercício de *grounding*, e foi respirando e entrando num estado auto-hipnótico.

Ficamos assim uma hora e tanto, imersos em silêncio: o grupo todo observando uma continência por ele. Olhos fechados, ninguém bocejou, ninguém abandonou o local, ninguém foi pegar água: ficamos ali, no mesmo campo de forças, todos conectados, e era como se fôssemos um alimento para a alma dele. Era como se procurássemos saciá-lo para que ele tivesse uma verdadeira confiança no grupo e em mim e pudesse, enfim, iniciar a sua viagem íntima.

Eu percebia que ele estava em um estado de múltiplas emoções. Ia ser muito longo. E foi. Mas o grupo elaborou uma incrível ressonância de silêncio e do sagrado para acompanhá-lo.

Ninguém dizia nada até que, após aquele longo lapso de tempo, algumas lágrimas começaram a brotar dos olhos dele. Eu acompanhava sua respiração: às vezes, ela ficava mais ofegante, atropelada. Angústia. Taquicardia. O ar que ele soprava vinha carregado de inúmeras lembranças pesadas. O choro também acontecia, intermitente.

Notei que ele fez uma curva orgástica com início, pico e fim e ele mesmo acabou colocando um ponto final nas suas memórias mais arraigadas. Não precisei fazer nada, porque ele respirou fundo, abriu os olhos e me olhou.

— Foi uma viagem e tanto — disse.

Em qual guerra Yitschac foi se recolher? Isso pouco importava: todos os campos de batalha se parecem.

— Foi como se eu tivesse voltado à trincheira onde eu sobrevivi a um ataque. Eu revi todas aquelas pessoas caídas no chão, todas mortas, e havia aquele amigo meu. Estava todo ensanguentado... perfurado de balas. Ele me segurou pela perna e me disse: "Não vá, Yitschac. Por favor, não vá, não me deixe. Por favor, leve-me com você".

Mas, naquele instante, Yitschac precisava fugir do fogo cerrado do inimigo. Sabia que tinha de ser rápido para salvar a própria pele. Fugir. Correr o quanto as suas pernas permitissem. O amigo estava muito ferido. Não havia como ajudá-lo.

— Eu não consigo salvá-lo. Se ficar, morremos juntos. Se correr, talvez eu possa escapar.

Aquela foi uma grave decisão. Eram amigos. Yitschac se deixou guiar pelo instinto de sobrevivência. Não olhou para trás. Saiu correndo. A culpa grudou nele. Herança do trauma, ela nunca mais o abandonou.

Anos se passaram — o amigo morreu no campo de batalha e Yitschac, vítima dos próprios sentimentos, passou a se perceber como responsável pela morte daquele soldado. Ele não queria mais ouvir as súplicas do combatente que ecoavam na sua cabeça. Acabou ensurdecendo.

Durante a sessão, enquanto esteve naquele estado hipnótico, Yitschac continuou surdo. Mas conseguiu criar memórias traumáticas muito profundas que o libertaram. Foi no lugar do trauma, ali mesmo onde estava acumulada toda aquela culpa por não ter salvado o amigo, que revisitou intensamente aquele momento e conseguiu se desculpar:

— Eu pedi perdão, pude dizer *não consigo te ajudar* e sair dali sem carregar culpa. É como se meu ouvido se abrisse. Havia sangue pisado dentro do meu tímpano, sangue endurecido; agora que ele escorreu para fora, eu passei a ouvir.

Quando Yitschac voltou a si, eu o ajudei a se reconectar com o aqui e o agora: nos trabalhos em grupo, isso significa olhar para cada pessoa da roda e se conectar com ela. Enquanto fazia isso, ele constatou que todos ainda se mantinham em silêncio, honrando-o, e se pôs novamente a chorar.

Ninguém lhe perguntou nada, mas ele começou a narrar suas memórias: aonde tinha ido, e como havia sido difícil voltar àquele local. Em seguida, relembrou a conversa com o amigo no campo de batalha, explicou a decisão de deixá-lo para trás e falou da culpa e da sua surdez.

É importante explicar que, ao compartilhar o seu trauma com a roda de presentes, Yitschac não estava apenas afastando o medo para poder elaborá-lo. Ele estava escancarando seu problema, enfrentando a dificuldade de lidar com ele e contando-o ao mundo. Não estava cochichando um segredo ao ouvido do terapeuta.

Geralmente, quando a gente trabalha com grupos, essa é a intensidade que se quer: um campo de confiança básica tamanho entre todos que se torna possível compartilhar as profundezas da alma.

Aquilo não é milagre. Não há terapia milagrosa em bioenergética. Estávamos trabalhando havia dias, fazendo *grounding*, exercícios. Para gerar confiança, eu fui dando um contorno, uma continência, uma moldura para que o trauma do Yitschac aflorasse, e com isso ele pudesse resgatar emoções aprisionadas no sistema nervoso e no corpo. Ao liberar essa energia, se traz para a consciência o que estava recalcado ou reprimido, se elabora a questão. E se desvencilha da culpa.

A terapia tem este aspecto interessante: depois que você arranca o trauma da memória e o traz à tona, o terapeuta não é mais necessário como interlocutor e testemunha. Isso aconteceu várias vezes com pacientes meus. Depois que chegamos ao ponto mais nevrálgico, não há mais por que manter vínculos. Então, o paciente agradece a cumplicidade e segue. Libera a energia e vai!

Isso também aconteceu com o Yitschac. Um pouco antes de eu embarcar de volta para o Brasil, ele me procurou e me disse que tinha voltado a ouvir. Nunca mais nos vimos.

Dez passos para lidar com traumas — *técnica*

É muito difícil trabalhar um trauma. Com o tempo, ele vai passando por modificações e se torna um drama. O que era factual, e pontual, acaba permeando a vida do paciente sob vários aspectos, pois não há precisão na memória. Comparativamente, isso é tão difícil quanto se apropriar de um sonho da maneira como o inconsciente o sonhou.

No caso de Yitschac, o trauma sofrido gerou muito medo. Essa energia negativa é uma carga tão pesada para o organismo que o ego não aguenta e se despedaça. Foi o que aconteceu com ele: sem válvula de escape, o psiquismo do soldado produziu mais medo, mais paranoia, mais culpa, e só restou ao corpo aprender a estar nesse estado traumático.

O trauma transformado em drama incorpora aspectos inventados, cenários, fantasias. É o que David Boadella denomina *landscape*[11]: o conceito de paisagens, intensidades que, com o tempo, a imaginação vai agregando ao evento em si.

Para lidar com o assunto, ele desenvolveu uma técnica constituída de dez passos, que prioriza, acima de tudo, a reserva e o cuidado por parte do terapeuta. Mais que tudo, sugere o fundador da biossíntese psicoterapêutica, é preciso elaborar um sólido vínculo de confiança, o que significa dizer que, quando falamos em trauma, não devemos nunca ir direto ao ponto.

Liberar um trauma muito rapidamente ou com catarse, sem ter atenção ao *timing* do paciente, ao espaço e ao nível de confiança dele, pode deixá-lo fragmentado, pois se trata de uma ferida de alma. Isso geraria muita emoção e vazamento dos estados emocionais (inundação).

Então, como avançar sem atropelar o indivíduo?

Responde Boadella: manter a pessoa de pé ou sentada, em *grounding*, com organização de ombros e sustentação nas pernas, e não deitada — posição na qual ela se torna mais regredida e vulnerável —, é a primeira providência. Quando estamos em pé, o ego é mais coordenado, mais forte, porque o *facing* — o olho no olho — é possível. Sustentar esse olhar e se apoiar nas próprias pernas dão ao paciente a necessária confiança para começar a compartilhar um trauma com o terapeuta.

O segundo passo é trabalhar as costas, os intercostais. Quando se coloca a mão nas costas, e não no peito, uma área muito mais vulnerável, isso oferece proteção. Assim, a porta está nas costas; as janelas, no peito, onde está o chacra cardíaco, diz Boadella, orientando que se entre pelas costas, oferecendo suporte com a mão, a parede ou o encosto de uma cadeira.

O terceiro passo consiste em trabalhar inicialmente na periferia, a ectoderma, e só depois entrar no *core* na ponta dos pés. Devagar, em silêncio: não se explode um trauma na biossíntese. Ao contrário, se avança muito delicadamente, sem provocar catarse.

O quarto passo que Boadella preconiza é interferir menos: isso é mais importante do que fazer muito. Menos toques, menos palavras, menos descargas. Devagar é melhor que rápido. Ao tratar de questões traumáticas, é desejável fazer perguntas que possam convidar o cliente a falar.

Quinto: a abordagem de um trauma exige que se trabalhe antes o presente, e só depois o passado. Como eu me sinto atualmente? Quais são os meus medos agora? O aqui e o agora também organizam a possibilidade de entrar em contato com o trauma.

O sexto passo sugerido ao terapeuta por Boadella consiste em investir mais no *intake*, o movimento de construção interna, e não de expulsão (para fora). Elaborações do *intake*: avaliar se o paciente está com medo, ansiedade ou angústia naquele momento preciso.

Sétimo passo: verificar sempre, primeiro, se restou alguma coisa boa da experiência traumática, se há algo em que se ancorar; investigar se restam aspectos saudáveis da lembrança do trauma. Esse é um recurso que permite transitar até o lugar daquela profunda dor. Exemplo: a menina que foi abusada sexualmente descobre que a mãe a protegeu ao descobrir o fato.

O passo de número oito da teoria do trauma advoga que, antes de ir ao *id* (o inconsciente), o profissional deve entrar pela consciência, isto é, o conteúdo voluntário. Sustentando o olhar do paciente de modo que se sinta seguro graças a essa âncora, e sem provocar descargas vegetativas profundas, é possível encaminhar a sessão para o "Eu consigo isso, eu não consigo aquilo". O caminho, segundo Boadella, passa pela memória: primeiro, o que é consciente, depois, o que é inconsciente, para além da memória do trauma.

Nono ponto: não esquecer que, quando se está na superfície de um trauma, trata-se de um *frame*, nas palavras de David Boadella, isto é, uma moldura — a máscara que o ego usa para se defender e sobreviver ao trauma..

E, por fim, décimo passo, a palavra antes do toque. Porque palavras criam segurança. Verbalizar abre a possibilidade de explanar a questão, pavimentando o caminho até o não dito, o silêncio, o corpo. O que o paciente vai dizendo permite construir inicialmente a compreensão desse drama e criar paulatinamente molduras para isso, isto é, espaços de segurança. Agindo vagarosamente, pé ante pé, se chega de fato ao trauma e se produz uma descarga real, não falsa. É quando o corpo vibra, sua, e o choro vem da alma.

Boadella fala também de humilhação: traumas são momentos vividos; o que está na superfície é a ansiedade, o pânico, a angústia, mas quando se aprofunda a questão o que aparece são grandes humilhações experimentadas. Passividades. Uma mulher que foi abusada fica passiva diante do fato. Muitas vezes, é impossível gritar, espernear.

Essa humilhação é um sentimento aderente, visceral. O terapeuta vai desbravando camadas de medo, ansiedade até chegar nesse sentimento de trancamento profundo das vísceras. Às vezes, a cabeça funciona de dentro do drama; mas as vísceras estão cansadas, enclausuradas, sem "voz" para expressar o trauma. Quando se chega a esse ponto, a biossíntese se refere ao endoderma, a bolsa do visceral, onde a dor profunda é dor do corpo, dor da alma.

A biossíntese trabalha com as camadas germinativas: ectoderma, mesoderma, endoderma, pois entende que a neurose começa no útero, na relação entre a mãe e o feto, que já pode se impregnar de questões neuróticas.

Outro aspecto é que muita gente trabalha o trauma através da indução de descargas. Boadella tem essa delicadeza de atingir vagarosamente o límbico, onde tudo fica represado para não explodir. Na opinião dele, é preciso primeiro limpar a ferida na sua porção superficial, para só depois atingir a parte mais profunda.

Por que falar e colocar o trauma em forma de palavras? O terapeuta corporal reconhece que o psiquismo é tão importante quanto a linguagem, pois ela dá significado às emoções e as emoldura.

Se Yitschac não tivesse colocado a viagem dele no trilho das palavras, se não tivesse se expressado com a linguagem, ainda estaria muito regredido. Como um bebê que não fala nem conhece o sentido das palavras.

A importância de ele expressar seu trauma é que questões pré-verbais tornam o indivíduo psicótico. O corpo precisa ter essa conexão com a linguagem. Emoções corporificadas. Caso contrário, é um bebê sem poder sobre as palavras. Nesse estágio, o sentimento de culpa se perpetua.

Alemanha, um ato de resiliência

Uma das maiores potências do mundo, onde história, cultura e belas paisagens se misturam com um senso de cidadania pleno; um país capaz de enfrentar os desdobramentos do nazismo e do Holocausto com honestidade intelectual e transparência emocional: assim é a Alemanha, nação que se reergueu não só dos destroços materiais provocados pela guerra como também do estigma moral que o mundo lhe atribuiu no pós-1945.

Por todo lugar há museus, monumentos históricos, galerias de arte, marcos arquitetônicos, parques, jardins. Nos teatros, nas casas de espetáculos e nos bares, a cultura de vanguarda borbulha. Nas ruas, paira uma sensação de que tudo funciona, tudo está no seu devido lugar.

Capital do estado da Baviera, Munique é uma pequena obra-prima. Sua arquitetura harmoniza com belíssimas paisagens, que prenunciam a proximidade dos Alpes. A cidade foi, para mim, a porta de entrada no Velho Continente. Além do meu marido, é claro — um homem de ascendência austríaco-alemã, que me revelou o temperamento do típico germânico, que eu não conhecia, pois até então só tinha ido para os Estados Unidos.

O gosto pela arte e o requinte cultural logo se sobressaíram. Filho de pastores luteranos que emigraram para o Brasil — uns tocavam violino, outros cantavam, outros ainda dedilhavam ao piano peças de Bach ou de Beethoven —, ele me mostrou que eu tinha escolhido viver ao lado de um encantado pela música clássica europeia.

Passamos nossa lua de mel em Munique. Em seguida, já com três filhos a bordo, meu marido foi destacado pela Siemens, onde trabalhava, para fazer um estágio na cidade. Ali vivemos por um ano e meio.

Eu era uma Frau Zink que não falava alemão. Entrava nos lugares, me comunicava em inglês, e notava um certo desconforto no ar. Preconceito. Julgamento. Exclusão.

Logo tratei de me matricular em um curso de línguas. Em pouco tempo, as crianças aprenderam a se expressar, mas eu fiquei para trás. Hoje, consigo entender, me virar na rua, entrar em um restaurante — enfim, o coloquial, mas nada muito elaborado.

Em contrapartida, passei a absorver as particularidades da sociedade alemã. Em um país onde é consenso ser difícil fazer amizades, eu fiz grandes amigos. Pessoas amorosas, cuidadosas, que tiveram profunda importância na minha vida como imigrante.

Inicialmente, o entrave da língua fez de mim uma dona de casa contra a minha vontade. Passados uns três meses, aquela vida rotineira já estava virando um verdadeiro pesadelo. Foi então que encontrei Mara Herrmann, psicóloga nascida em Santa Catarina que vivia na Alemanha desde meados dos anos 1970.

Eu estava disponível; ela se encantou com essa possibilidade. Comecei a acompanhá-la no seu grupo de psicodrama. Passado um tempo, porém, ela me comunicou que estava deixando essa função para fazer outras coisas, e me propôs assumi-lo no lugar dela. Desde então, sou a coordenadora desse grupo, do qual saiu e entrou muita gente, mas ainda existe um núcleo com o qual trabalho presencialmente, uma vez por ano.

De volta ao Brasil, naquela época, meu primeiro grande companheiro foi o psiquiatra Carlos Briganti, que trabalhou comigo nesse grupo por quase dez anos. Depois do Briganti, entrou em cena o psicólogo e consultor Edson França e, mais tarde ainda, a psicoterapeuta Suely Freitas: grandes professores que viajaram comigo e me acompanharam nessa trajetória.

Existem numerosos impressos que registraram a nossa experiência na Alemanha.

Com o Briganti, trabalhamos casos de desbloqueio emocional muito difíceis. A gente ia para a floresta; caminhava... Até hoje eu faço isso: de manhã, vamos para a Floresta Negra, onde temos um centro alugado. Começamos com uma caminhada, durante a qual fazemos vários exercícios de bioenergética. É quando nos permitimos gritar e expressar emoções livremente. Os alunos adoram.

Mas vamos levar em conta que o desbloqueio emocional de um alemão não é algo muito fácil. Trata-se de uma sociedade fechada. Sofrida. Rígida. Já foi considerada pária da humanidade e teve de ressignificar seu papel na história. Hoje, a saga do Holocausto ainda permeia as gerações, embora seja um fardo histórico que não encontra mais lugar na sociedade moderna e a Alemanha tenha dado a volta por cima protagonizando boas ações.

Tive duas grandes amigas de origem alemã — uma delas judia, Esther Frankel, discípula de David Boadella e pioneira em terapia corporal no Brasil, cuja mãe viveu em Auschwitz. Quando íamos para os congressos ou para as nossas aulas, Esther sempre se referia à experiência traumática da mãe: "Nós, judeus, sofremos muito", queixava-se.

Certa vez, Gerlinde Buchholz, outra colega também psicoterapeuta, levantou-se no meio de um *workshop* e começou a gritar na direção de Esther: "Você não foi a única que sofreu! Meu pai ficou cinco anos preso em um campo de concentração na Rússia!", estrilou.

Esse embate de sofrimento que paira na Alemanha são as duas faces da mesma guerra.

Ainda hoje, noto que a geração atual, com a qual trabalho — jovens que não viveram os horrores de 1945 —, tem vergonha do que aconteceu. Mas eles abordam essa questão, que, na verdade, pertence mais aos pais e avôs deles, com grande resiliência. Com a força da reconstrução. Pois Munique também foi completamente destruída. E Dresden, Berlim, Colônia...

...São cidades que foram reerguidas pelas *trümmerfrauen*, as "mulheres dos escombros", como foram chamadas as companheiras dos soldados mortos, desaparecidos ou inválidos que, em 1º de junho de 1945, receberam a ordem de remover o entulho e selecionar material para a reconstrução da Alemanha.

Munidas de baldes, lenço na cabeça, avental rasgado e sapatos puídos, essas mulheres se entregaram a um ritmo de trabalho frenético, semelhante a uma linha de montagem: do alto das montanhas de escombros, passavam os tijolos de mão em mão até que chegassem embaixo, onde eram limpos e empilhados para ser reutilizados nas construções. Função árdua para a constituição física da mulher!

Essas *trümmerfrauen* só dispunham de ferramentas de trabalho arcaicas: baldes, tábuas e as próprias mãos. Recolhiam tudo que, de alguma forma, ainda pudesse ser reaproveitado; empilhavam pedras e tijolos nas ruas e as limpavam do sangue que tingia as ruínas.

Assim como as gerações atuais, elas se confrontavam com momentos mais tristes, deparando com esqueletos de casas bombardeadas, fotografias aguadas, lembranças despedaçadas. Mesmo assim, confiavam em dias melhores e seguiam reerguendo o país destroçado em torno dessa pedra fundamental à qual se dá o nome de esperança.

Desde então, o que vemos é uma sociedade que sofreu, sim, mas cuja força e resiliência são notáveis.

Como legado da Segunda Guerra Mundial, a Alemanha precisou encontrar respostas para questionamentos desorientadores, tais como: "A gente luta por quê? Por quem? Contra o Holocausto? Para que o mundo conheça a nossa história? Por Adolf Hitler? Pela maldição que lançamos sobre o planeta? Lutamos para perpetuar a lembrança desse conflito que geramos?"

Nesse enfrentamento existencial há uma não luta. Há vergonha. Mas também há reparação. Reconstrução. E é por isso que a Alemanha está hoje no lugar onde se encontra em relação à Comunidade Europeia: na frente de todos, graças a muita organização e firmeza de propósito.

Essa constância, essa aplicação, talhou um cidadão capaz de observar regras, respeitar limites e manter a organização social: "Se tem fila, você espera", "se tem faixa de pedestre, o carro para", "lixo é na lixeira".

Longe de podar a minha espontaneidade tropical, afeita a excessos, essa clareza social permitiu que me adaptasse a uma cultura essencialmente rígida. No começo, eu achava que os alemães maltratavam os seus visitantes. Engano: eles cuidam da gente, mostrando sem rodeios como a sociedade germânica funciona. Por isso me parece tão importante entender sempre que tipo de características culturais estão na base da formação do caráter de um indivíduo.

Esse rigor social explica também, em grande parte, a propensão ao álcool dos alemães. Palco da Oktoberfest, a tradicional festa cervejeira alemã que se replica em dezenas de outros países, a Alemanha é berço dos amantes da bebida de todo o mundo, e o segundo maior mercado consumidor do planeta, atrás da República Checa.

Acostumados a sentar numa mesa para beber durante horas e horas, eles têm estômago suficientemente forte para acompanhar a cerveja de pratos temperados, calóricos — sempre à base de carne suína.

Assim, essa comida proteica, consistente, que chega a ser de difícil digestão, e esse álcool aos litros moldam a personalidade do alemão, um povo que se agarrou à superação de maneira inflexível, metabolizou suas dificuldades e encontra na cerveja aquela borrachinha que permite baixar a guarda e apagar limites de vez em quando. Ainda que seja só por algumas horas.

O pão da vida, que pode matar *case*

Helmut foi um dos participantes do grupo da Alemanha. Descendente de uma família de húngaros muito pobre — os pais, um irmão e uma irmã —, passou a infância sem ter uma batata para comer naqueles anos de guerra que varreram sua terra natal.

Na história de vida de Helmut, em meio a essas cruéis privações, ocorreu uma mudança de rumo inesperada: certo dia, um nazista da SS, a "esquadrilha de proteção" de Hitler — organização responsável pela matança durante o Holocausto —, bateu na porta do pai dele, oferecendo à família comida, armas e uniformes em troca de os homens irem para o *front*.

Foram cooptados e aceitaram. E, assim, a família conseguiu sobreviver.

Quando conheci Helmut, cuja história, trágica, é de um sistema familiar que praticamente precisou vender a alma ao diabo para ter o que comer, ele já estava vivendo na Alemanha. Seus pais logo faleceram e ele, ainda muito jovem, desenvolveu um câncer de próstata.

O trabalho terapêutico com ele visava que entrasse em contato com o próprio corpo, com a traição desse corpo doente apesar de alimentado, e aceitasse a possibilidade de seguir por outro caminho que não fosse o do câncer. De fato, por incrível que pareça, sem nem sequer tomar remédios, a doença dele não formou metástases e permaneceu localizada e estável. Com o tempo, os problemas de Helmut com a próstata regrediram por completo: ele estava seguindo por um caminho na vida e, depois de uma terapia que o virou do avesso, como ele próprio diz, voltou atrás e tomou outra direção.

Helmut continuou no grupo até as vésperas da pandemia de covid-19, em 2020. Casou-se e teve duas filhas; uma delas, anoréxica — e é aí que se percebe como o sistema familiar traça uma trajetória transgeracional, que vai se transformando praticamente em uma saga: ele não tinha o que comer, a família passou fome, mas a filha, que tinha de tudo, desenvolveu anorexia. Esse sistema perpassou uma saga marcada pela fome, gerando uma relação muito descontrolada, desgovernada com a comida. A sensação emocional dessa jovem se caracteriza por não ter permissão de se alimentar em virtude de todo o sofrimento vivido pelo pai e pelos avôs.

Na minha avaliação, ela sentia culpa por ter o que comer... Depois disso, Helmut se tornou diabético, com taxas de glicose no sangue altíssimas. E, mais uma vez, a questão da comida veio à tona. Ele precisou se privar de açúcar, de carboidratos, teve de seguir restrições alimentares e, novamente, enfrentou a traição do corpo.

Tempos depois, teve uma doença de pele que se alastrou da cabeça aos pés. E, outra vez, sua dieta alimentar se tornou restrita. Ele precisava tomar sol regularmente para secar as feridas e, com isso, descobriu o Brasil. Veio para cá e visitou os terapeutas que o acompanharam na Alemanha. Com eles criou fortes laços de amizade e se apaixonou por uma mulher, da qual, depois de idas e vindas, acabou se distanciando.

Esse sofrimento todo novamente se manifestou em mais uma explosão de feridas pelo corpo. Era a materialização de toda essa amargura — um amor desfeito, a fome vivida, a guerra, a depressão, o escuro da alma. Na verdade, era não só uma decepção amorosa, mas um sofrimento de vida.

Uma vez externada, essa alma escura gerou um câncer no intestino, girando, mais uma vez, em torno da questão do alimento. Esse câncer é agora mais agressivo. Mas Helmut é um homem resiliente. Um fênix. O tempo todo ele ressurge das cinzas. Chega à beira do abismo e volta. Apesar da sua debilidade, tem energia vital para pegar um avião e se encontrar com um terapeuta de anos atrás.

A força de vida que se vê neste homem é simplesmente inacreditável. A resiliência dele enche os olhos.

Somos, ele e eu, muito conectados; sinto que mesmo magro, esquálido, depauperado, ele é capaz de pegar o carro e enfrentar uma longa estrada apenas para me ver. O tempo todo, a alma dele pede contato com a minha. Ele está sempre aberto para o vínculo entre nós. Minha alma também se abre profundamente para ele. Embora o corpo esteja debilitado por toda essa questão psicossomática e transgeracional, a cabeça se mantém muito forte.

Em questões psicossomáticas, o corpo adota uma fala virulenta — é como se dissesse "Agora, chega! —, mas a cabeça às vezes consegue dominar essa virulência, elaborar conteúdo e trazer o indivíduo de volta para a linha da vida.

Na sua terapia, Helmut tratou da permissão de ser feliz em família, do merecimento de ter filhos e companheira.

Ele é um homem muito amoroso, mas profundamente assustado. Sendo o único húngaro do grupo, formado exclusivamente de alemães, o tempo todo ele se sentia deixado de lado, como se fosse um *outsider*.

Na linguagem psicossomática, percebo um padrão em suas somatizações: ele sempre consegue se recuperar antes da morte, do desfecho final. Quando tudo leva a crer que Helmut não vai mais emergir, ele se agarra à vida e retoma surpreendentemente seu destino. É como se tivesse passado a existência toda atrás da sobrevivência, daquele pedaço de pão que teria pagado com a própria morte em algum campo de batalha, mas que lhe prolongou a vida.

Psicossomática, *técnica* ou a palavra não dita

Quando a vida deixa de ter significado, o corpo entra em desespero. Desilusões amorosas, reveses profissionais, confrontos narcísicos, misérias afetivas: tudo isso pode gerar psicossomatizações. Diante do fracasso de uma elaboração, o organismo reclama.

O caso do Helmut ilustra esse mecanismo. A vida toda, ele viveu no desespero, na corda bamba, lutando pela vida, tentando sair das profundezas de um buraco negro onde sentia estar.

A resposta do corpo, que cria uma narrativa e sintomas de conversão, atribui ao órgão que adoece um valor simbólico. No caso dele, foi o sistema digestivo: diabetes, câncer de intestino, tudo isso confirmando a impossibilidade de elaboração e de metabolização de experiências negativas.

Mais tarde, a somatização se estendeu para a pele, atingindo órgãos inteiros — no caso, o maior deles. Isso tem que ver com limites entre mim e o outro, pois a pele é que nos dá um contorno de identidade preciso. O adoecimento da pele também representa um movimento de se fechar para o mundo exterior e de se bastar a si mesmo.

Helmut foi alguém muito pouco cuidado ao longo da vida na relação com a mãe. A criança, quando está em formação, tem um espelhamento com a mãe. De acordo com os ensinamentos do neurocientista português António Damásio, são neurônios-espelhos que permitem um diálogo intenso de sintonia, afetos e ressonância entre a mãe e o bebê. Depois, quando ele cresce e vai para o mundo, tem outros espelhos — o pai, os irmãos, a professora —, e estes vão sendo múltiplos e multifacetados.

Helmut teve mulheres e amigos, mas suas relações sempre o machucaram muito. A importância de ele desenvolver essa narrativa de doenças é no sentido de voltar sua atenção para si próprio e cuidar de si.

Uma das somatizações, envolvendo a doença de pele, aflorou depois que ele viveu uma paixão não correspondida. Esse sair de si, não ter pele, é como se ela se tivesse desfiado. A pele que o revestia se esgarçou na paixão, gerando uma narrativa de grande sofrimento para ele.

Quando trabalhamos questões psicossomáticas, lidamos com angústias projetadas no corpo, castração e destino. Que destino era aquele do Helmut que ele não conseguia domar? A fome total, a questão de estar sempre esfomeado. Aquela paixão não correspondida, que também era uma fome que ele não conseguiu saciar, aquele destino de não encontrar alento no afeto não vivido com a mãe, numa época de guerra, porque ela estava muito mais preocupada com o alimento da sobrevivência do que em nutrir seus filhos de afeto.

Assim, Helmut não viveu uma paixão curadora, no sentido de que ela pudesse redimir essa falta. Seu destino começou a ser escrito ali, na base da história dele, e, depois, em todo o percurso que ele trilhou. Não ter tido uma construção de si fez que ele seguisse pela vida deixando peles pelo caminho.

Cabe à mãe o papel de construir o mundo interno do seu bebê. Mas Helmut foi se fazendo a partir de espelhos de identificações externas, vazando dessa pele desde a mais tenra idade.

Onde tudo isso começou? A partir da guerra, da fome, da relação com aquele pai transformado em soldado: tudo isso já estava na base das psicossomatizações dele, pois elas não se fazem de um dia para o outro; é um trauma que traz outro, como se se formassem camadas sobrepostas. Helmut foi se transformando: personas deixando rastros, metamorfoseando-se, já que ele não tinha um centro. E quanto menos se tem um centro, menos se tem um organismo em equilíbrio, pois a biologia se regula com o psiquismo.

Na medida em que não carregava a memória de uma mãe boa, por mais tênue que fosse essa lembrança, ele não tinha equilíbrio entre o biológico e o psicológico. Assim, foi adoecendo. Wilhelm Reich dizia algo importante: o indivíduo tem um sistema de energia interno muito grande, que o ajuda a se autorregular nas adversidades. Na doença, a gente se autorregula o tempo todo. A morte também é uma autorregulação da energia orgânica. Toda a doença, toda somatização, também é. Reich dizia que a função do orgasmo é e constituir um corpo fluido, mas quando há uma energia que cria estases, paralisias corporais internas, porque o desejo não foi realizado, acabou aprisionado e não manifesto, isso gera um processo de "energia podre" dentro do organismo.

Essa energia não descarregada, que não circula, é como água parada: pode gerar doenças. A somatização é o redemoinho dessa energia estanque, que o psiquismo não consegue elaborar e ganha vazão na forma de uma doença.

A psicossomática procura decodificar esses estados: qual é o código da somatização? Pois, na verdade, a doença é um engano do organismo, quando ele investe contra si mesmo porque não está em harmonia. A doença se torna um fascínio narcisista, porque tem uma narrativa muito mais envolvente que a saúde. Qual é o fascínio? Chamar a atenção, mobilizar os outros, se tornar o centro narcísico — negativo, mas ainda assim narcísico. Essa é uma grande tese do psicanalista francês André Green, que escreveu *Narcisismo negativo*.

Essa energia negativa, presa no corpo e criando paralisias energéticas, ocorre, muitas vezes, em virtude de um aumento de excitação. A energia flui, mas é tão grande — como numa pessoa histérica — que não permite elaborações. Nesse momento, o órgão perde a noção de si, e o mesmo fígado que serviria para filtrar o organismo serve para gerar amargura. Há um aumento energético ali, que fica aprisionado no organismo, gerando a somatização.

Acredito que o organismo vai se adaptando à doença. O tempo todo, ele tenta ir em direção à vida — isto é, a energia vital é sempre no sentido do instinto de vida. Isso é muito forte no ser humano. Por isso, Helmut também estava o tempo todo se debatendo pela sobrevivência.

O caso dele é emblemático, pois sua enorme ferida de pele dizia mais ou menos o seguinte: "Eu preciso ficar aqui, dentro de mim, e que ninguém me toque porque eu fui tocado tão violentamente que tive de adoecer desse jeito". A doença dele também expressa um isolamento, um "não me toque" e, em seguida, com o câncer de intestino, um "eu não consigo mais digerir nada disso": a vida como produto dessa tragédia, um cansaço acumulado desde a guerra, a relação com a mãe, a impossibilidade de digerir afetos não correspondidos...

Claro, quando falamos de psicossomática, não nos esquecemos do biológico. Ele está sempre presente. Ninguém cria um câncer, ninguém faz um câncer: isso seria acusatório. São narrativas do corpo que surgem; é o emocional se expressando. Mas não são doenças voluntárias. O biológico se manifesta, talvez, na transgeracionalidade, nas doenças familiares. O que se sabe, hoje, é que existe a epigenética, a possibilidade de um indivíduo transformar sua genética. Um pai diabético, mas não necessariamente o seu filho. Tudo isso tem que ver com o ambiente, com as relações afetivas, com o modo como o indivíduo vai se curando nas suas relações afetivas...

Curiosamente, quando Helmut tomou conhecimento do seu câncer de intestino, ele saiu do grupo. Depois de 30 anos. Foi o limite da suportabilidade, talvez. Mas entendo que ele saiu para tratar de si. É como se estivesse tentando voltar suas forças para cuidar de si. Apesar da fatalidade, apesar do trágico destino que ele herdou dos pais, Helmut conseguiu elaborar uma pergunta crucial: "Quem cuida de mim?"

E responder: "Eu mesmo".

Todos de mãos dadas por um *case*

Sempre que tenho a oportunidade de mesclar conceitos de psicanálise a uma prática mais espiritualizada, eu não hesito. Foi o que fiz numa recente viagem à Alemanha, quando propus aos integrantes do grupo trabalhar com chacras.

Cada um deles recebeu um pedaço de arame e um kit com diferentes miçangas coloridas. Depois de alguns minutos de meditação, eles começaram a enfileirar as bolinhas no fio de metal, formando o chacra da coroa, o da garganta, o terceiro olho, e assim por diante. No final do exercício, avaliei os trabalhos, um por um, a partir dos atos falhos de cada aluno em relação à construção desse sistema energético, e emendei com a sessão individual.

Um dos alunos tinha deixado as duas pontas do arame sem bolinhas. Era como se por ali não passasse energia. Explica-se: ele estava prestes a se submeter a uma cirurgia cardíaca para justamente restabelecer a corrente elétrica entre duas porções do coração, e se sentia bastante angustiado com a perspectiva. Aquilo se manifestou simbolicamente daquela forma.

Pedi aos alunos que formassem uma roda e o coloquei sentado no centro. Havia dois médicos no grupo; eles conduziriam a operação cardíaca do rapaz, preenchendo com bolinhas as pontas de arame que haviam sobrado.

O que aconteceu a partir de então foi um exercício coletivo de imensa potência: os médicos iniciaram uma longa discussão acerca das cores com que seria necessário preencher os fios de arame, levando em conta o potencial energético necessário para restabelecer o fluxo, enquanto o paciente se mantinha profundamente angustiado diante do procedimento em curso. No fim, os integrantes do grupo entraram em acordo para enfileirar as bolinhas de cor no arame e grudar as duas pontas com fita-crepe. Aquele exercício atenuou o sofrimento do rapaz: era como se tivéssemos simbolicamente resgatado a vida dele do medo da morte. Surpreendentemente, dias depois, ele nos comunicou com imensa alegria que por ora a cirurgia estava descartada.

Em outro caso similar, também recente, tratei de uma jovem com câncer de pulmão que integrava um grupo constituído na Europa. Ela estava muito desconfiada; sentia pânico diante da vida e não queria que a tocassem ou sequer falassem com ela.

Fui trabalhando devagar, primeiro para que aceitasse minha presença e, depois, para que sentisse que podia confiar em mim e no grupo.

Inicialmente, coloquei foco na respiração. Como ela estava com metade do pulmão comprometido, não conseguia respirar profundamente. Criamos um pulmão artificial para a jovem, que lhe dava simbolicamente energia: aos poucos, o grupo foi se acomodando em volta dela, para formar camadas de uma espécie de máquina de respiração consistente, que lhe desse tônus, e todos se puseram a inspirar e expirar de maneira pausada e harmônica.

Devagar, a respiração da moça se tornou menos caótica, mais organizada, e ela foi ganhando confiança. Quando senti que ela podia prescindir desse pulmão artificial, orientei o grupo a se afastar, para deixá-la sozinha nessa espécie de câmara pulmonar que se havia formado a partir de um campo de emoções coletivo.

Além de ajudá-la a controlar a própria respiração, esse campo também se tornou simbolicamente um ecossistema de contato, de formação de confiança básica e de emoções profundas. Mais que tudo, aquela experiência mostrou para cada um de nós quanto a autorregulação pode ser potente e um mecanismo de sobrevivência que jamais se deve desprezar.

O poder do inconsciente coletivo *técnica*

Foi especialmente com o grupo que formei na Alemanha que consegui desenvolver uma *expertise* em terapia grupal. Também pude acompanhar a evolução de cada um dos integrantes, bem como a transformação do próprio grupo. Era como se pouco a pouco ele se tornasse um sistema familiar no qual as transferências comigo, e entre eles, fossem se aprofundando, sob efeito das numerosas técnicas e teorias empregadas.

Tendo tido uma formação com Emilio Rodrigué e Martha Berlin, minha tarefa de entender a dinâmica do grupo dá muita atenção às transferências que acontecem entre os presentes. São relações de conflito, também são relações amorosas, mas são acima de tudo a representação de um sistema familiar. Tem o pai, tem a mãe, e com todas essas figuras se cria um continente abrangente, isto é, uma teoria de campo na qual forças positivas e negativas se atraem.

Esse continente inclui um conteúdo individual: para formar uma cena dramática, é preciso um protagonista capaz de mobilizar todo mundo. Caso contrário, se não conseguir envolver os demais, eles vão dormir, olhar para o lado e perder o interesse.

Trabalho com o esquema transferencial de telepatia preconizado por Jacob Levy Moreno, médico, psicólogo, filósofo e dramaturgo romeno-judeu que criou o psicodrama e foi pioneiro no estudo da terapia em grupo. A premissa é que, se estou tratando um indivíduo, o grupo inteiro vai estar na mesma ressonância e sentirá as mesmas coisas que aquele protagonista. Isso amplia e desdobra sobremaneira o campo emocional, pois, quando vou checar com cada um o que está sentindo, ele fala não só de si como também da problemática do outro. Assim, o grupo se torna multiplicador de cada uma das situações individuais dos seus integrantes.

Para eleger esse personagem estratégico, pergunto quem quer compartilhar seu momento, suas emoções. Essa pessoa se apresenta espontaneamente. É a primeira a falar, e vai desencadear todas as outras falas. Porém, como coordenadora do grupo, eu preciso entender se ela realmente é protagonista e se apresenta um conflito que vai mobilizar os demais — ou se vai gerar resistência e travar a dinâmica do grupo. Quando há adesão, todo o grupo pensa junto. Por isso, eu preciso ter um protagonista que toque, que promova uma ressonância profunda com todos os presentes.

Eu trabalho também com os conceitos de Wilfred Bion, psiquiatra e psicanalista inglês que desenvolveu pesquisas sobre a formação e os fenômenos de grupo. Bion tem três pressupostos básicos, nos quais prevalece um nível inconsciente em que as fantasias grupais adquirem uma das três formas típicas de dependência, acasalamento ou luta e fuga. Cada uma delas cria uma dinâmica de grupo específica, em torno da qual vão se moldando as lideranças.

No primeiro caso, trata-se de uma condição de grande dependência do grupo de ter um líder. Este geralmente tem características carismáticas e surge em função da necessidade do grupo de obter proteção, segurança e alimentação material e espiritual. Ele rouba do psicoterapeuta seu *status* e papel e articula a formação do grupo em torno de uma ideia messiânica de que sabe tudo e pode salvar a todos. Os vínculos com essa liderança são de natureza parasitária ou simbiótica.

A segunda condição (acasalamento/boicote) consiste no fato de que os membros do grupo esperam que um casal formado entre eles seja redentor de todos. Apesar de haver um coordenador de grupo, são eles dois que lideram. Esse conceito não leva em conta o sexo dos indivíduos envolvidos (por isso também se usa o termo "pareamento"): podem ser duas mulheres, dois homens, um casal ou, ainda, as esperanças messiânicas do grupo depositadas em uma ideia ou acontecimento que virá salvá-los e acabar com as dificuldades. Nesse caso, a liderança do grupo precisa ter características messiânicas e imbuídas de misticismo.

A terceira situação diz respeito a uma condição de luta e fuga, em que o inconsciente grupal está francamente em posição defensiva, repele toda situação nova de dificuldade psicológica ou foge dela, criando um inimigo externo ao qual atribui todos os males. Esse inimigo comum promove a união dos integrantes do grupo e requer da liderança características tirânicas. Dessa dinâmica resulta que o terapeuta está o tempo inteiro sendo questionado de maneira transferencial. Pouco a pouco, ele vai ficando sem respostas e, muitas vezes, aprisionado.

Sempre trabalho de modo que todos os integrantes do grupo scjam líderes. Não fico no papel do messias ou do suposto detentor do saber. Tenho, claro, um lugar diferenciado, mas não me aproprio de uma idealização engessada a ponto de ninguém poder chegar perto de mim. O objetivo é que a liderança se dê de maneira mais horizontal, e que todo mundo possa se expressar dentro de um grupo que se emociona junto, que chora junto e no qual ninguém fica isolado.

O terapeuta pode assumir papéis de liderança distintos: por vezes, toma o lugar do messias que sabe tudo, cuja última palavra é dele; em outros casos, se associa com alguém do grupo e forma um casal com ele. O grupo da Alemanha, por ser tão antigo, já passou por uma forte dependência em relação a mim. No começo, o fato de eu ser brasileira, e de estar acompanhada de parceiros com diferentes características, influenciou a dinâmica de grupo, mas aos poucos fui sendo aceita. Ele é uma reprodução familiar: por horas, sou a mãe ou o pai; por outras, meu parceiro assume esse papel. Essa função não depende do gênero do terapeuta, mas de uma postura de maternagem ou de paternidade. Na postura de maternagem, a mãe batiza as emoções e os movimentos de cada um dentro do grupo. O pai, por sua vez, é aquele que legitima o batismo da mãe e o endossa.

O conflito está em que, muitas vezes, o pai não legitima as emoções que a mãe batiza. Não há concordância entre eles em relação ao integrante do grupo: se eu batizo com minha função materna todas as questões emocionais que o grupo traz — tanto o indivíduo como o grupo, já que, por si só, este tem uma continência e um conteúdo —, meu acompanhante, seja ele quem for, teria de legitimar minha posição. Quando há divergência de opiniões, isso aparece muito mais rapidamente na terapia de grupo do que durante um acompanhamento individual.

A construção de um campo emocional, no qual há ressonância, depende da *expertise* do terapeuta em fazer que todos os membros do grupo participem da dinâmica. O que o Moreno chamava de tele, e eu chamo de ressonância, é a possibilidade de o indivíduo abrir o coração e ter compaixão diante da escuta do que seu colega tem a dizer.

Muitas vezes, na terapia individual, não se cria um campo tão misterioso, em que o sagrado se instala. Mas quanto mais se trabalha o inconsciente grupal, mais o mistério se instala, em função da formação desse campo de forças positivas e negativas. Nele, a busca do sagrado é muito importante, pois do mistério grupal se cria nada menos que o inconsciente coletivo.

*Portugal,
tão triste quanto
um fado*

Portugal é um país encantador, que se equilibra entre a alegria e a depressão, a tristeza arrastada do fado e o *vibrato* do turismo.

Lisboa ainda respira suas conquistas marítimas; coloniza por meio da língua e dos seus sabores. Semelhanças: para muito além do horizonte, o oceano que a envolve nos aproxima, a nós, brasileiros, do Rio de Janeiro; a mim, como carioca, as duas cidades me parecem aparentadas, quase primas: uma elegante, circunspecta, conservadora; outra mais à vontade, quase profana.

O Bairro Alto, a Rua do Ouro, a Rua da Prata, os casarões do passado pontilhando pequenas cidades, os rendados de ferro emoldurando janelas; os balcões com suas roupas dependuradas, os cafés e aquelas pastelarias dos sonhos! Lisboa parece refletir a Lapa da minha infância, com sua típica boêmia carioca, seus recantos turísticos e seus salões de dança.

A gastronomia portuguesa é quase um colo materno. Pura poesia. Quantas vezes a comida local me transportou para o passado, evocando reminiscências da minha infância, no seio de uma família que servia frequentemente caldos verdes e pratos de bacalhau? Os cheiros de peixe que impregnam Lisboa são quase os cheiros de casa, e isso sempre despertou lembranças interessantes em mim.

E o mar? O mar da perspectiva dos conquistadores, do lado dos colonizadores, não do nosso, aguça aquele mesmo senso de aventura que moveu os desbravadores; diante dessa porção do oceano, o cenário quase nos convida para fazer parte da viagem.

Porém, esse país que desperta identidade guarda no inconsciente coletivo todo o seu secular rigor moral e religioso — e nisso se diferencia de nós, brasileiros de um Novo

Mundo. Pois se aventurar pela alma portuguesa — austera, rígida, severa e profundamente impregnada de tradição cristã — é cultuar todo o sofrimento que transpira dos versos de Fernando Pessoa, é reverenciar a angústia das paixões dilacerantes, mal resolvidas, que evoca o fado. É praticar a penitência estando reprimido, temente a Deus. Em Portugal, o Cristo dilacerado está presente de todas as formas possíveis. No mistério e na magia que envolvem lugares místicos, como a Quinta da Regaleira, em Sintra; na corte ao amor incondicional que ergue palácios como o de Seteais, também em Sintra, ou na morte explícita que se estampa em monumentos como a Capela dos Ossos, em Évora.

O Palácio da Regaleira é um lugar cabalístico, onde eu cheguei a fazer um *workshop* com alemães. O local, que lembra aqueles castelos de areia, foi projetado entre 1898 e 1912 por um milionário brasileiro chamado Carvalho Monteiro, em parceria com um arquiteto italiano. Antes de Monteiro, o local pertenceu à Viscondessa da Regaleira.

Seus jardins, que atravessam vários lugares enigmáticos, são a representação do cosmo, o paraíso e o *inferius*, o mundo subterrâneo dantesco. Visitar a Quinta da Regaleira é revisitar a mitologia, de Virgílio ao Olimpo, e os grandes vultos da literatura, como Camões.

Há dezenas de pisos e de salas — dos Reis, da Caça, da Renascença —, de inspiração renascentista e barroca. A Alea dos Deuses é uma fileira de estátuas de divindades clássicas simbolizando Orfeu, Vênus, Dionísio, Hermes. A Gruta do Oriente é a entrada para uma travessia subterrânea que liga o Portal Inferior ao Poço Iniciático. Conta-se que nesse espaço de consagração à alquimia estiveram astronautas e até mesmo extraterrestres.

134

O Palácio de Seteais é outro lugar emblemático da alma portuguesa. Diz-se que o seu nome se deve aos sete gritos de dor, os "ais" que se ouviam seguidamente sempre que se evocava a história de amor torturante entre uma princesa moura e um cavaleiro português atingidos por uma maldição. O lugar está mergulhado em nuvens e dá vista para o Atlântico e a Serra de Sintra, o que torna tudo muito onírico, feérico. Foi construído numa porção de terra cedida pelo Marquês de Pombal para receber Dom João VI e sua esposa, Carlota Joaquina, mas eles nunca chegaram a se hospedar ali e acabaram fugindo para o Brasil. Descrito por Eça de Queiroz em sua obra, hoje foi transformado em um hotel luxuoso, onde cheguei a pernoitar uma vez, mas em geral eu gostava de visitar para almoçar ou tomar um café, imaginando todo o ritual envolvendo a escrita do autor de *Os Maias* num cantinho de mesa ou os tormentos amorosos dos dois amantes.

Quanto à Capela dos Ossos, foi construída por iniciativa de três monges franciscanos, no século 17, para transmitir a mensagem da transitoriedade da vida. Suas paredes estão forradas de ossos — crânios, vértebras, fêmures, pelves — ligados por cimento, e as abóbadas são de tijolos pintados com motivos alegóricos à morte. Há também dois esqueletos inteiros pendurados por correntes em uma das paredes, sendo um deles o de uma criança.

Todos esses restos mortais foram retirados dos cemitérios monásticos de Évora, que ocupavam demasiado espaço na cidade. Além de dar outra destinação a esses lugares, a ideia era despertar a espiritualidade do visitante, como se lê no famoso aviso que fica na porta de entrada da capela: "Nós ossos que aqui estamos pelos vossos esperamos".

Essa capela, que eu visitei muitas vezes, é um local de meditação sobre a morte e nos leva a refletir sobre a efemeridade da vida. Trata-se de um lugar onde realmente se sente a alma portuguesa e seu apego ao calvário e à religião. No início, enfrentei em Portugal um certo preconceito por conta desse confronto cultural entre nós. Afinal, eu era uma professora reichiana falando sobre sexualidade perante um público recatado ao extremo. Eu vinha de um momento vibrante, no Brasil, em que a mulher estava se descobrindo e se impondo, e eu realmente acreditava nessa liberdade de ser: a emancipação feminina, a função do orgasmo.

Levar toda essa discussão para Portugal foi difícil, como um fruto proibido. Não havia como abordar o tema sem antes passar pela profunda melancolia comum a tantos portugueses. Questões existenciais, como a maternidade rígida e autoritária, ocasionavam lamentos intermináveis, que éramos obrigados a enfrentar antes de pensar em função orgástica. Por mais que eu trabalhasse a sexualidade como força de vida, estava ali estabelecida uma aura impregnada de pesar.

Aspectos da sexualidade também afetavam os homens, e muitos alunos vinham conversar comigo, em particular, para falar de recato e insegurança.

Apesar disso, a sociedade portuguesa é muito aderente. Embora o meu despojamento carioca gerasse espanto, eles tinham muita curiosidade pelas minhas aulas, uma curiosidade alimentada pela fantasia em torno da alegria e da soltura do brasileiro, representadas pelo nosso carnaval.

Assim, sempre fui muito bem tratada no país, acolhida com carinho, afeto e respeito pelo meu trabalho. Quando fazia meus *workshops*, sempre ecléticos, misturando bioenergética, biossíntese, psicanálise e psicodrama, eu sentia que os alunos apreciavam aquela energia que eu trazia dos Trópicos.

As aulas em Portugal começaram nos idos de 1990, quando a psicóloga Esther Frankel introduziu os ensinamentos da biossíntese no país. Em 2006, a também psicóloga Maria del Mar Cegarra Cervantes assumiu a iniciativa de estruturar uma escola de psicoterapia somática em biossíntese. No ano seguinte, ela passou a dar *workshops* abertos.

Inicialmente, aceitavam-se alunos de todas as áreas, não só terapeutas, e os grupos eram bastante heterogêneos. Mas graças ao empenho de Maria del Mar, Portugal passou a sediar um dos primeiros centros organizados, como instituição, para formação de grupos.

Nesse país, comecei a trabalhar em uma escola infantil perto de Sintra. Naquela época, as minhas aulas eram sempre itinerantes: ora aconteciam em centros de terapia, ora em instituições de ensino, ora em conventos. Imagine: falar de sexualidade em um convento!

Ainda hoje, dou *workshops online* uma vez por ano. Mas são grupos pequenos.

Para dar aulas, eu sempre levei muito material: objetos intermediários entre eles e eu — como papel, lápis de cor, tinta, música brasileira, máscaras de papel-alumínio, véus de tecido — para que os alunos se soltassem. Também trabalho com dança, e muito toque e olhar. A música é uma ferramenta bem aceita, pois eles a conhecem e entendem as palavras. E o trabalho com toque tem como objetivo ultrapassar esse recato limitante e conseguir se expressar.

Parte do tempo eu trabalho a dinâmica do grupo, por meio de exercícios em que eles podem se situar individualmente e criar confiança perante os demais. Começo com o grupo todo e dentro dele vou formando grupos cada vez menores, até chegar aos pares. Essas técnicas visam suavizar o semblante pesado, a expressão triste que eles têm. São mulheres bonitas, homens bonitos, mas com traços que denunciam o choro e uma tragédia estabelecida.

Hoje, de modo geral, penso que os portugueses estão um pouco mais soltos. O turismo, e o consequente contato com outras culturas, em especial a brasileira, com sua música e suas novelas, abriram horizontes. Isso é bom e ruim: por um lado, a sociedade amenizou um traço cultural de sofrimento e recato; por outro o português castiço ficou mais pobre e sua expressão na literatura e nas artes em geral sofreu um duro golpe. Contudo, como europeus que são, a energia e a excitação excessivas do brasileiro ainda os intimida.

O convívio com essa maneira de ser dos portugueses me ensinou uma valiosa lição: aprendi a não ficar tão expansiva, a não ir com muita "brasilidade" e energia para cima deles. Assim como em muitos outros países, entendi que as convenções sociais e os padrões de comportamento em Portugal exigem mais calma para criar vínculos, mais respiração e contenção.

Nem tanto ao céu, nem tanto à terra.

O desafio de lidar com a intensidade case

Rosário era uma jovem psicoterapeuta da região do Porto, cuja inteligência e intensidade representaram um grande desafio para mim. Eu a conheci em um dos cursos de formação em Portugal e sua conduta, sempre muito recolhida, fechada, essencialmente esquizoide, a destacou no grupo.

Rosário vinha de uma família de muitas posses no interior de Portugal, pai e mãe profundamente tementes a Deus, irmãos afoitos por herança; ela, ao contrário, era politizada, contestadora, homossexual e de esquerda.

No primeiro momento, ela foi aquele bichinho acossado contra a parede que mostrava grande dificuldade de se expressar, mastigava as palavras e tinha um sotaque que não facilitava as coisas. Era penoso tanto para mim quanto para o grupo entendê-la. Por isso, ela ficava sempre muito quieta, isolada. Mas quando abria a boca para falar e expor suas ideias, eram sempre coisas brilhantes. Ela tinha um estilo muito próprio de descrever a família e os lugares por onde havia passado, recitava poesias e, mais tarde, passou a me escrever cartas que pareciam verdadeiras páginas de literatura.

Rosário teve uma relação muito especial comigo, pois, enquanto os outros não tinham paciência para compreender o que essa jovem dizia, eu cuidei dela e consegui materná-la. Tanto é que, depois do curso, ela decidiu se instalar no Brasil para se tratar comigo. Assim, durante um ano, uma vez por semana, nós tivemos uma sessão de psicoterapia para tratar das suas questões mais profundas. Depois disso, ela passou a se corresponder comigo pela internet e às vezes por carta.

Rosário era fortemente rejeitada pela mãe. E explorada em questões de herança muito complicadas, que envolviam terras e imóveis em Portugal. Na relação transferencial comigo, acho que houve momentos de grandes idealizações e uma profunda simbiose, pois era uma projeção de paixão e dependência, como um bebê e sua mãe.

Toda vez que tínhamos nossas sessões, eu ficava tensa, com o diafragma mais aprisionado para conseguir lidar com o sofrimento dela sem perder de vista a mim mesma. Era um desafio colocar limites para não me sentir engolida por ela: ela me seguia assiduamente; eu fazia *workshops*, ela participava; eu fazia as três bios, ela ia junto; Rosário tinha sessões de terapia comigo e, além disso, fazia o curso de formação para psicoterapeutas.

Como era muito inteligente, ela me solicitava com muita intensidade, com uma força de pensamento impositiva, que provocava discussões sobre questões profundas. Tratava-se de um convite muito envolvente e ao qual eu não podia ceder completamente, sob risco de me perder nela. Eu tinha de acudi-la, compartilhando a dor que trazia em si, mas mantendo-me inteira — conduta que, na biossíntese, chamamos de *dupla presença*.

Diferentemente da *presença única*, assim definida por David Boadella porque o terapeuta fica completamente conectado com o seu mundo interno, suas angústias, carências, sabedorias e não sabedorias, a *presença dupla* requer que o profissional mantenha seu papel de terapeuta, seu *grounding*, seu mundo interno, cuidando das suas dores e sabedorias durante os momentos de transferência e ressonância. E, ao mesmo tempo, permaneça muito conectado com o seu cliente, sem, todavia, se perder nele. Já a presença tripla é todo o campo de energia que está em volta: a presença do pai, a fala da mãe, o consultório, as vozes que se ouvem, as emoções que aparecem.

Explico: em biossíntese, falamos dos afetos umbilicais — esses que acontecem exatamente através do umbigo, do cordão umbilical, entre a mãe e o bebê. Durante a construção desses afetos, é como se a criança fosse criando alma no útero materno, que se torna, então, um receptáculo, uma vasilha sagrada.

Eu permitia que isso acontecesse entre nós no processo terapêutico durante parte das sessões, mas não o tempo todo, porque ela ficaria muito regredida. Mas havia momentos de regressão necessários, em que ela precisava se misturar comigo, e eu cedia generosamente, oferecendo-lhe afetos umbilicais até ela sentir confiança, relaxar e continuar suas falas.

Em algumas sessões, ela ficava sentada, sofrendo de um vazio, de uma não existência, de uma angústia muito grande. De repente, se arrastava até mim e colocava a cabeça no meu colo. Ela quase não olhava para mim: arrastava-se sem palavras, com gestos descoordenados, às vezes caóticos, que eu não entendia.

Eu a deixava se aproximar, até se entrelaçar nas minhas pernas e deitar a cabeça. Havia uma transferência erótica muito grande dela para mim, com a qual tive de lidar sem castrá-la. Quando ela chegava muito perto de mim, já não era erotismo, mas um bebê na angústia e necessidade do toque e do afeto, totalmente regredido na sua carência uterina e na porção mais obscura da sua alma.

Se eu a tivesse castrado nessa procura de um estado simbiótico, ela não teria tido a oportunidade de viver o afeto que representou uma experiência tão libertadora para ela. Se, por outro lado, eu não tivesse colocado limites e mantido seus contornos, Rosário permaneceria em uma relação muito uterina.

Em momento algum eu tive medo da aproximação e da intensidade dela, porque intuitivamente sabia que ela precisava de aconchego maternal. A transferência erótica evidenciou aquele erotismo que constitui a vida e as relações, mas difere da sexualidade, pois nunca houve nenhum convite sexual.

Sob o capricho dos vínculos

técnica

Rosário é uma cliente que esticou ao máximo seu desejo de ter ressonância comigo. Esse é um conceito que também está na física quântica e na música. Quando a ressonância se dá, há uma percepção imediata de que a terapia entrou em um novo momento: a qualidade do encontro se aprimora; o choro é diferente, genuíno; a emoção é mais profunda, os *insights* e a compreensão se ampliam. Tudo é mais harmônico. Mas essa ressonância toma tempo para ocorrer, e há um longo caminho a percorrer a partir de muita interferência.

No momento em que o terapeuta e seu cliente entram em ressonância, a responsabilidade pelo investimento que este coloca na sua terapia começa a fazer sentido. Assim como se deslocar do seu lugar de terapeuta para se tornar amigo do cliente, ou trabalhar o tempo todo numa transferência negativa, sem sintonia, traz sensações de morte para o profissional — pois é como se o cliente não o reconhecesse como terapeuta e ele passasse a não existir naquele lugar e naquele papel profissional —, entrar em ressonância é vida para ele.

Podemos definir a ressonância pelo seu oposto, isto é, a interferência. Alcançar uma ressonância não é algo tão fácil, já que a relação com o cliente começa pela empatia. Quando isso acontece, terapeuta e paciente concordam em estar juntos para seguir na terapia. Depois da empatia, a segunda escala é a simpatia.

Ter simpatia por um processo terapêutico é reconhecer que o contato é bom, agradável; ele gera contentamento. O oposto da simpatia é a antipatia, condição que faz que, numa entrevista com um cliente, se decida não atendê-lo, pois o discurso ou a história dele suscitam dificuldade de ouvir: há casos que atravessam a gente de tal modo que passa a ser impossível escutar.

Exemplo: certa vez, um militar do Destacamento de Operações de Informações — Centro de Operações de Defesa Interna (DOI-Codi) que enfrentava questões horríveis pelo fato de ter sido torturador no passado me procurou, pois precisava compartilhar tudo aquilo. Porém, eu não estava disposta para essa escuta, principalmente porque tinha clientes que haviam vivido sob tortura. Nesse caso, obviamente, não houve nem empatia, nem simpatia.

Além da antipatia, pode haver apatia, quando o outro tem uma fala que me desconecta dele. Quando, por exemplo, a história dele bate com a minha com tal força que me paralisa. Não fico inteligente. Não consigo entender o que vou falar: fico apática.

Empatia, simpatia, antipatia e apatia são condições distintas. Tudo isso é o que chamamos de *interferência*. Algo parecido com o ruído que interrompe ou se sobrepõe a outro no rádio ou na TV.

Quando o que vincula o terapeuta e o seu cliente é a simpatia, ele vai entendendo as interferências que se colocam entre eles — isto é, as resistências a abrir o coração, falar, contar sua história. Nesse caso, ele vai trabalhar nessa interferência, tentando uma sintonização. Aquela interferência vai sendo integrada e, em determinado momento, ocorre a ressonância, como se um espaço de respiração profunda se abrisse. A ressonância, segundo David Boadella, é o encontro de uma alma com outra.

A transferência, por sua vez, é sumamente resistência. Na medida em que o terapeuta abre esse espaço, propiciando uma conexão profunda com o seu cliente, se dá um encontro legítimo, algo difícil de acontecer muitas vezes, pois o terapeuta pode estar com o coração aberto para essa narrativa, mas o outro demonstra resistência. É quando o terapeuta fica solitário. Outras vezes, o cliente se mostra aberto emocionalmente, mas o terapeuta pode estar cansado ou enfrentando questões pessoais, então há novo desencontro. Assim, só há ressonância quando os dois estão abertos para um profundo encontro de almas.

A transferência, por outro lado, é um dos grandes instrumentos do processo terapêutico. Coube a Freud defini-la e ela se tornou muito importante em várias terapias corporais. Quando o profissional entende a técnica da transferência, desvenda esse mecanismo, as projeções que o cliente está fazendo nele, as chances de ele alcançar o que Boadella chama de *além-transferência*, a ressonância, o encontro de almas, é grande.

Transferência é a projeção de uma história de infância, de traumas do passado, no terapeuta. Exemplo: se uma pessoa foi abusada, qualquer coisa que o terapeuta faça — como cobrar muito ou cobrar pouco, fazer interpretações prematuras, que ela não está preparada para ouvir — pode ser entendida como abuso. Em geral, os terapeutas trabalham, na maioria do tempo, na interferência, ou seja, nas projeções transferenciais — negativas e eróticas.

Na triangulação mãe, pai e bebê, muitas vezes, o profissional pode ser transferencialmente a mãe, ou o pai; o cliente pode ser a própria mãe dele subjugando o terapeuta etc. Então, desvendar a transferência, entender essa gramática das projeções é de grande valia na terapia. É impossível trabalhar o corpo sem entender isso. Afinal, como tocar em um cliente que está em transferência negativa, sentindo ódio do psicoterapeuta?

— Respira fundo, posso te tocar aqui?

É claro que não: o próprio organismo vai se fechar ao toque. Então, falamos em desvendar. É um exercício de decifrar os recônditos da transferência, em uma relação de dupla presentificação (percepção corporal e energética) muito atenta, na tentativa de estabelecer um canal aberto para entrar em ressonância e corporificar as emoções.

Espanha, reino da ousadia

Na Espanha, trabalhei em cidades tão diferentes quanto Barcelona e San Sebastián, no País Basco. Embora distintas, ambas expressam facetas da alma castelhana. A primeira, como definiu uma amiga brasileira radicada no país, "é um lugar jovem e vibrante, como um sofá confortável, no qual a gente senta e não quer mais levantar". Na segunda ainda pulsa aquela veia contestadora, combativa, engajada. Aberta para o mar Mediterrâneo, Barcelona é tão cosmopolita como qualquer outra grande capital europeia. Transpira produção artística, se espelha numa arquitetura de vanguarda que a transformou numa espécie de conto de fadas e esbanja sofisticação. Vitrine das últimas novidades na moda, seus edifícios emblemáticos e seus restaurantes de alta gastronomia, em particular de comida catalã, fazem dela uma cidade tão plural que dificilmente alguém não se sente em casa. Se fosse um espetáculo, Barcelona seria certamente palco para aquelas danças sevilhanas, típicas de castanholas e pé batido no chão.

Olhar a sociedade espanhola a partir de Barcelona é vislumbrar uma juventude politizada, ativista, intelectual, que não abre mão do seu próprio estilo. Afinal, Barcelona tem Joan Miró, suas pinturas e cerâmicas, e tem Antoni Gaudí, seus vitrais e edifícios fantásticos. E isso é para poucos!

Passeando por Las Ramblas e outras ruas charmosas, a cidade oferece sucessivamente uma basílica que desponta como uma miragem em pleno centro urbano — a Sagrada Família, projetada por Gaudí; edifícios que são verdadeiros convites à imaginação, como a Casa Batlló, povoada de lendas e dragões; um templo ao lado de um parque de diversões, a mais de 5 mil metros de altura; e um barco a vela em plena terra firme, na praia da Barceloneta. Ao lado disso, museus, bairros góticos, mosaicos, varandas naturais e até mesmo uma rua dos beijos (Carrer dels Petons), tradicional beco da antiga Barcelona, fazem parte do colorido acervo da cidade.

Assim como seus filhos famosos, que fizeram da sua arte um ato de provocação e de transgressão, a gente de Barcelona é extravagância pura, alegria, modernismo e fácil comunicação. Esses traços característicos me são, de certa forma, familiares, pois toda a minha família materna vem de Navarra. Assim, essa força confrontativa do flamenco e, de modo geral, da cultural do espanhol nativo e da mulher espanhola me encantam. São de grande intensidade. E Barcelona estampa essa ousadia e essa sensualidade.

Mergulhada nas luzes do Mediterrâneo e impregnada de cultura árabe, a cidade representa, em suma, a Europa quente, aquela que mostra seu corpo despido e socializa suas *paellas* em panelões onde todos se servem ao mesmo tempo. Essa cultura da praia, da proximidade do mar, a torna muito diferente de San Sebastián, sofisticado balneário localizado na Baía de Biscaia, no País Basco.

Espremida entre a França e a Espanha, a região basca é cortada por uma cadeia de montanhas e delimitada por um mar maravilhoso, muito procurado pelos europeus. Berço de guerrilheiros e testemunha de sucessivas ondas de terrorismo no passado, o País Basco reúne uma população mais reservada e conservadora, igualmente voluntariosa e forte, embora menos expansiva.

Apesar do nome, o País Basco não é independente. Com mais de 4 mil anos de história, seu povo expressa um forte nacionalismo e um grande orgulho das suas tradições, em especial da sua língua *euskara*.

Nessa região, trabalhei numa pequena cidade chamada Vitória, que fica no caminho em direção a Santiago de

Compostela, onde encontrei pessoas mais rígidas e bem trajadas. Depois, trabalhei em San Sebastián, onde tive experiências extremamente fortes, não só do ponto de vista profissional, porque o grupo era sempre muito intenso, mas por causa das minhas descobertas gastronômicas e arquitetônicas. Também tive a sorte de passar um carnaval na cidade, em muitos aspectos tão alegre e familiar quanto o de uma cidade do interior de São Paulo.

Em San Sebastián, a vida noturna não começa antes das 22 horas, e a *siesta*, à tarde, paralisa cada recanto até as 15 horas. É um ritmo ao qual o visitante deve se acostumar, assim como em qualquer outro lugar da Espanha.

Na cidade, fiquei hospedada em uma pensão que só tinha uns quatro quartos. Então, a sensação de estar numa casa acolhedora foi importante, porque invariavelmente os anos de terrorismo ainda rondam o inconsciente coletivo.

Apesar do mar deslumbrante, em San Sebastián há uma rudeza nas casas feitas de pedra e no embate entre as águas do Cantábrico e a rocha — mais peculiar no *Peine del Viento*, uma escultura que cria sons característicos com o choque das ondas.

Há ainda o Museu San Telmo, que conta a história do povo e da cultura basca; a Catedral do Buen Pastor, prédio icônico com uma torre de mais de 70 metros de altura, e a Basílica de Santa Maria del Coro, um edifício de estilo barroco simplesmente deslumbrante! Extremamente requintado, San Sebastián também tem o hotel Maria Cristina, de cinco estrelas, e o apelo gastronômico dos *pintxos* — que são os primos das *tapas* e representam, por si só, um passatempo à parte.

Apenas uma hora separa San Sebastián de Bilbao, a capital, encravada no meio das montanhas e onde não se chega sem enfrentar os solavancos de um avião de pequeno porte.

Bilbao é a força do vento, da rocha, dos arranha-céus, das muralhas em ruína, dos palácios e da guerra civil de 1936. Em meio a tudo isso, surge o Museu Guggenheim de Bilbao, com suas enormes instalações. Algumas delas, imperdíveis, misturam esculturas de ferro e brincam com o senso de perspectiva, dando a impressão de que falta o chão. Parece que a gente está caindo o tempo inteiro!

Outra escultura impressionante é a *Maman*, uma gigantesca aranha criada por uma artista francesa, Louise Bourgeois, que paira como ameaça sobre a cabeça dos transeuntes.

Na frente do museu, vê-se um filhote de *white terrier* coberto de flores. A escultura do cachorro tem mais de 12 metros de altura e foi feita em aço inoxidável. Dentro dela, foi instalado um sistema de irrigação que rega as begônias, cravos, petúnias e outras plantas que a envolvem, para que não murchem.

Tantas "curiosidades" fazem do País Basco uma fonte inesgotável de aprendizado para mim, e aguçam meu desejo de entender cada canto. O que aconteceu aqui, o que aconteceu acolá? Que povo é esse? Embora a gente não se sinta tão desprendido como em Barcelona, pois nessa região da Espanha a história é outra, trata-se de um lugar encantador.

Um corpo sem perfume case

Na Espanha, a liberdade sexual e a própria sensualidade foram assuntos trazidos por um cliente basco, Juán, cujas inquietações me ajudaram a ter um olhar mais inclusivo sobre a sexualidade. Heterossexual durante boa parte da sua vida, e casado, esse psicanalista se descobriu também homossexual em determinado momento e transformou a questão em um grande segredo que o angustiava. Durante seus encontros comigo, ele dizia: "O meu corpo precisa do corpo de outro homem. Ao me relacionar apenas com mulheres, é como se eu fosse entrando em um estado de sofrimento, que faz que eu precise me reconhecer e me encontrar no corpo de outro homem".

Essa ideia de poder "descansar em um corpo igual ao meu", de "sentir saudades desse corpo igual ao meu, no qual eu posso repousar e me reconhecer", me ensinou muito sobre homossexualidade, tanto feminina como masculina, e suas possibilidades.

É como se Juán tivesse saudade das brincadeiras do menino que foi e hoje precisasse se espelhar no outro e encontrar a si mesmo. Pensei com meus botões: de fato, como é muito bom estar só entre mulheres, e quantas vezes sentimos essa mesma identificação quando estamos só entre nós. No caso dele, além disso, havia uma questão sexual, mas isso não fazia dele um indivíduo limitado a uma relação apenas homossexual. Era algo mais abrangente: ele era bissexual, e isso lhe dava muita liberdade de ser.

Não me pus a interpretá-lo à luz de suas questões edípicas, porque ele também era psicanalista: o trabalho mais importante com ele foi ensiná-lo a respirar profundamente, de modo que conseguisse assumir a sua bissexualidade perante o grupo. No momento em que ele conseguiu fazer isso, criou-se em torno dele uma atmosfera de muito amor, reconhecimento e alívio. Ninguém pôs o dedo em riste, ninguém o julgou, criticou ou falou mal dele. Foi apenas muita amorosidade.

Outra coisa que eu aprendi com Juán sobre a bissexualidade decorre do fato de ele dizer que tinha "necessidade de um corpo sem perfume", isto é, um corpo cujo cheiro fosse igual ao dele. Isso me fez pensar que, para seduzir, as mulheres usam cremes, se perfumam, exageram nos cheiros e acabam encobrindo o odor primitivo dos hormônios, da ocitocina e da excitação. Por isso esse cliente expressava a ideia de "poder descansar em um corpo sem perfume".

Graças às nossas conversas, aprendi a olhar para a sexualidade sem preconceitos. Na verdade, eu penso que somos todos bissexuais, mas a cultura e a religião nos castraram.

Entretanto, quando Juán fala em "descanso em um corpo igual ao meu", em "saudades de um corpo igual ao meu", entendo que ele está se referindo a um momento anterior à excitação, quando a criança não sabe que tem gênero, não diferencia o homem da mulher, o menino da menina. É como se pudesse haver um momento em que todos são iguais, e não é tão importante saber qual é o objeto que vai permitir atingir o gozo, a descarga sexual. Era nesse sentido, talvez, que ele sentia saudades dessa fase anterior à necessidade de fazer escolhas sexuais, quando a criança não se fixa a nenhuma delas e tem mais liberdade.

Outro cliente mencionou a sensação de alívio, de descanso, de não precisar "fazer nada" durante o ato sexual entre ele e outro homem. A possibilidade de uma entrega verdadeira, real, profunda, contrasta com aquela ideia de sexualidade cheia de esforços e desafios a vencer. São experiências profundas de entrega, daquilo que os franceses chamam de "a pequena morte", sendo o pico dela o instante preciso em que o ego se dissolve e ocorre uma efetiva fusão entre duas pessoas.

Nos dias atuais, é possível falar a respeito disso, mas naquela época era muito difícil. Hoje, percebo que os jovens são bem mais livres porque entenderam essa questão dos corpos sem perfume mas com o mesmo cheiro, os mesmos hormônios e a mesma possibilidade de excitação. Isso permitiu que aceitassem com mais facilidade a sexualidade em todas as suas formas e a vivessem plenamente.

A teoria como prática libertadora *técnica*

Pilar era uma jovem psicóloga que participava de um grupo de formação. Havia perdido seu bebê com oito meses de gestação e estava muito triste. Naquele momento, passava por uma bateria de exames para descobrir as causas do aborto. Com ela, consegui fazer mais do que um trabalho de despedida da criança, mas de resgate do futuro.

Comecei mostrando como se constitui a gravidez no corpo, quanto o organismo se prepara para dar à luz e como ele se comporta durante a gestação. Em determinado momento, disse-lhe que iríamos investigar onde ela ainda estava "engravidada" daquela criança — isto é, onde estava instalada no corpo dela aquela gravidez malsucedida, pois ela ainda tinha uma pequena barriga de gestante.

Foi quando ela começou a chorar muito. Pensei, então, que poderia usar o mito de Electra, tese que a psicanalista holandesa Hendrika Halberstadt-Freud desenvolveu defendendo a ideia de que as filhas tendem a oferecer o seu primeiro filho à própria mãe, para que elas se libertem de sentimentos contraditórios em relação a ela e se apropriem do segundo filho.

Em "Electra cativa — Sobre a simbiose e a ilusão simbiótica entre mãe e filha e as consequências para o complexo de Édipo", Hendrika sustenta que

> a separação da mãe, que implica em autonomia, é muitas vezes experimentada pela menina como deslealdade e um ato de agressão. A separação para a menina, desta maneira, é carregada de paradoxos: de um lado, a autonomia é dolorosa e atormentada por sentimentos de culpa; de outro lado, permanecer junto é prejudicial à autoestima e pode levar ao masoquismo.

Isso se deve ao fato de que "ela tem, realmente, desejos contraditórios; de um lado, pelo desenvolvimento de uma identidade separada e uma sexualidade própria, e, de outro, pela unidade com sua mãe".

Ainda de acordo com a psicanalista holandesa,

> o problema da separação não se resolve ou se dissolve na adolescência. Normalmente, durante toda a adolescência, a filha permanece ligada à sua mãe. [...] Um vínculo afetivo ininterrupto como esse pode ter consequências positivas e negativas. Uma relação de amor mútuo que não é ambivalente demais pode criar calor e cordialidade na filha. Uma relação parasitária, entretanto, tornará a filha vulnerável e induzirá nela a necessidade de uma relação simbiótica com seus próprios filhos. [...] Frequentemente, tornando-se mãe, uma filha retornará, *a fortiori*, ainda mais para a sua mãe: tanto porque se identificará com ela quanto porque se sentirá novamente um bebê. Especialmente agora não resistirá à sua mãe, sabendo que "magoá--la" significa que o mesmo pode lhe fazer sua própria filha.

Esse conceito nos leva à ideia de que, para aplacar as angústias e a inveja da mãe, as mulheres lhe oferecem de fato o primeiro filho, nasça ele vivo ou não. Isso abre a possibilidade de elas terem o delas em seguida. Foi esse ritual de oferenda que eu propus a Pilar, para que ela se separasse daquele bebê sem vida, e ela aceitou.

No dia seguinte, ela veio ao nosso encontro bastante aliviada, como se aquela proposta tivesse o poder de lhe devolver a capacidade de gerar, como se tivesse encontrado um meio de acabar com aquela sensação de que todos os filhos que tivesse doravante iam morrer.

Começamos criando um *landscape* para que Pilar fizesse a oferenda daquele filho para a mãe. Em pé, procuramos detectar onde o corpo dela ainda estava preenchido por aquele bebê. Peguei uma almofada e iniciamos o trabalho:

— Mãe, esse bebê é seu. Pena que tenha morrido, mas é seu. O próximo será meu.

Foi uma espécie de libertação: Pilar conseguiu abrir uma janela para sondar o futuro, olhar para a frente e até mesmo cogitar a concepção de outra criança, abdicando da angústia de achar que todos os seus bebês nasceriam mortos.

As especiarias que temperam nossas emoções — técnica

Crenças autolimitantes são verdades absolutas adquiridas em algum momento da história de vida que se engolem impulsivamente, digerem ou se precisa vomitar — isto é, que interiorizamos ou rejeitamos. Como elas se revelam extremamente cristalizadas no trauma, para lidar com elas, o objetivo da terapia é levar o cliente a um processo de descristalização das crenças instituídas, para que, enquanto ele se desconstrói, comece a elaborar, se individualize e vá adquirindo integridade e inteireza. A capacidade de olhar para o passado e para o futuro diz muito de si. Reconhecer as especiarias que temperam as próprias emoções, e que foram colhidas e acumuladas com o tempo, ajuda a entender como a gente vai se autonutrindo ao longo dos anos.

Mas quais são essas especiarias das emoções? A expressão, cunhada por Martha Berlin, inclui uma grande quantidade delas: a impulsividade, o desânimo, a tristeza, a ambição, o ódio, a cisão, a estranheza, a nostalgia, a maldade, o ciúme, o amor, o aborrecimento, o medo, a surpresa, a aversão, a avareza, a vergonha, a esperança, a confiança, o tédio, a depressão, a alegria, a vitalidade, a gratidão, o orgulho, a confusão, o ressentimento, a paixão, a solidão e a inveja, e outras tantas.

Esse mosaico de temperos emocionais abre uma perspectiva de trabalho muito interessante. Na clínica, buscamos identificar as especiarias que o cliente construiu no passado, as que o acompanham até o momento atual e as que ele está levando consigo para o futuro nem sem sequer notar. Também procuramos entender os vínculos que se estabeleceram com cada uma delas.

Também é importante entender quais condimentos herdados da relação com a mãe e com o pai se mantêm presentes. Costumo fazer a pergunta aos meus clientes, para que possam falar sobre si e se dar conta da temporalidade de cada uma das suas especiarias e dos vínculos que estabeleceu com elas.

Exemplo: a vergonha. Trata-se de uma emoção constituída inicialmente pelos pais. Foi batizada pela mãe e legitimada pelo olhar do pai. Em seguida, é perpetuada pelos colegas de escola, através do olhar das crianças, num contexto de *bullying*. O indivíduo vai ficando cada vez mais tímido e retraído, de maneira que esse condimento se transforma em uma bagagem que o acompanha até hoje. Caso não seja elaborado, há grande possibilidade de ele se estender no futuro.

Outro exemplo é o medo, especiaria onipotente, que paralisa, tira a liberdade e também pode ser transgeracional — daí a importância de se trabalhar o reconhecimento daquilo que dá gosto às nossas emoções.

Martha Berlin acrescenta mais especiarias à sua lista: a gentileza, a tranquilidade, a pressão, a transformação, a compaixão, a generosidade, a mágoa. A mágoa é um tempero tão ativo que fica difícil metabolizá-la: a pessoa fica com cheiro de mágoa!

Identificar tudo isso requer coragem para sair da zona de conforto que o sabor emocional de todos os dias oferece. Mas o novo cardápio tem suas vantagens: emoções condimentadas com leveza de linguagem, consistência, exatidão, multiplicidade e visibilidade dão contornos e textura à elaboração da própria individualidade e liberdade de ser.

Assim, mudar o padrão imposto pelas especiarias emocionais herdadas é poder se constituir com crenças e valores pessoais. Elaborá-las é aprender a colocá-las numa linha do tempo, numa perspectiva histórica, para chegar ao ponto onde tudo isso começou a ser incutido pelo olhar dos pais e reconhecer como se deu o traçado da continuidade.

Para trabalhar essas questões, uma das grandes dificuldades que se colocam é o ritmo. Como trabalhar o ritmo? Como trabalhar, por exemplo, a vergonha ou o medo, se eles paralisam o fluxo interno? Essa questão se colocou para mim pela primeira vez quando eu estava lecionando em Barcelona. Foi interessante porque eu me dei conta de que a sexualidade tem um ritmo próprio, e eu ainda estava me apoiando em definições muito arcaicas.

Isso já faz bastante tempo, foi nos idos de 2015. Eu estava em aula, apresentando todos os conceitos sobre sexualidade, castração, homossexualidade, transexualidade e as demais questões de gênero. Como fiz parte da luta pela emancipação feminina, com o movimento "abaixo o sutiã" e grandes militantes como Betty Fridman, Frida Kahlo e tantas outras, estava contando um pouco da minha história para uma plateia de gente muito jovem. Em dado momento, uma moça se levantou e disse:

— Talvez essas emoções tenham feito parte da tua geração. Eu te agradeço muito por ter lutado pela libertação das mulheres, mas de agora em diante você pode deixar comigo, eu conduzo.

Ela devia ter uns 20 e poucos anos, não mais, mas a observação dela me fez refletir sobre a temporalidade dessas especiarias e como eu achava que elas estavam colocadas na sexualidade — quando, na verdade, elas já não estavam mais em lugar algum.

Era como se eu tivesse de mudar tudo. O que estava acontecendo ali ainda resvalava na problemática da curva orgástica, da possibilidade do gozo, do orgasmo, mas não mais nas questões do gênero, da neutralidade: era como se aquela moça estivesse me dizendo que na geração dela havia liberdade para ser menino, menina, transexual. A narrativa era outra: um senso de gratidão pelas pioneiras que haviam lutado pela emancipação feminina e pela abertura da sexualidade, mas, agora, o incompreensível eram elas e a geração delas.

Lembrei-me imediatamente da pintora mexicana Frida Kahlo, uma mulher apaixonante por conta da liberdade que emanava ainda no início do século 20. Havia uma profunda dubiedade no feminino dela: era casada com o também pintor mexicano Diego Rivera, por quem era apaixonada, mas foi livre o bastante para estar com o revolucionário marxista Leon Trótski e também se apaixonou por uma mulher. Ostentava uma liberdade tão grande que chegava a fumar charutos em público, algo impensável em sua época.

Porém, para abraçar essa liberdade, manifesta por meio de uma sexualidade dúbia, Frida Kahlo se constituiu a partir de uma dor que se situava nas costas e que a impediu de andar, até acabar paralisada em uma cama, onde ainda assim continuou pintando. Embora datado, tudo isso fazia sentido para mim. Hoje, no entanto, a liberdade é bem diferente. São outras especiarias, por mais que algumas — como a vergonha e o medo — sejam universais.

Naquele mesmo dia, em Barcelona, participei de uma passeata em comemoração ao Dia da Mulher. E novamente deparei com esse feminino renovado para os padrões que eu imaginava ainda vigentes: havia centenas de mulheres plurais, todas bissexuais, homossexuais, neutras, transexuais, o que fosse.

Senti um encantamento único e uma imensa alegria diante desse modelo de mulher plural, de todos os tipos que ela quisesse ser. Se as gerações anteriores não tivessem trabalhado as especiarias das emoções recorrentes, não haveria tamanha liberdade. Novas crenças, para além do que Freud preconizou e do que Boadella defendia: que a gente constrói uma canção no útero e repete essa mesma canção pelo resto da vida.

Depois de muito refletir, voltei de Barcelona trazendo na bagagem mais um exercício de dramatização para os meus alunos:

— Você vai arrumar uma mala para viajar. Que especiarias você colocaria dentro dela e quais deixaria de fora?

No meu caso, não quero levar medo. Quero levar liberdade, multiplicidade. Deixo de lado as minhas crenças totais, meus valores, minhas repetições, para abrir espaço para o novo.

Argentina, tango e vanguarda intelectual

Buenos Aires, berço do saber sempre em ebulição! Perambular pelo bairro de La Boca, alegre e colorido, até a rua-museu do Caminito, com seus azulejos cobertos de letras de tango, seus cafés e lojas de *souvenir*, é respirar a intelectualidade portenha, essa busca do conhecimento tão irrequieta que paira sobre as prateleiras de livros da El Ateneo Grand Splendid, a livraria mais famosa da Argentina, eleita pelos britânicos como a segunda mais suntuosa do mundo.

O bairro de Palermo é outro lugar que espelha, aos meus olhos, toda a contracultura argentina, com seus restaurantes alternativos, suas casas de tango, sua feirinha de antiguidades maravilhosas. É como se eu estivesse no Soho, em Nova York. Penso que Palermo tem essa qualidade do Soho, e é o lugar onde eu mais me enxergo, principalmente porque a Martha Berlin, minha grande companheira de trabalhos terapêuticos, havia escolhido esse bairro para morar.

A meu ver, a alma portenha encontra sua manifestação mais pungente no tango, com um intelecto sempre em riste, aceso, vívido: seja no atemporal Café Tortoni, a cafeteria mais antiga da capital, seja nas casas de tango que se alternam com hotéis boutiques, cafeterias, restaurantes e feirinhas ao ar livre no bairro de San Telmo, esse gênero musical transpira a forte carga dramática da essência dos argentinos — aspecto que muitos dos meus alunos revelaram durante nossas aulas.

Além do tango, a experiência de participar de milongas, observando a regra de ficar sentada até que um cavalheiro nos tire para dançar, é surreal. Resolvida essa questão, a dança em si é extremamente sensual e, sem dúvida, mais divertida e solta que o tango.

Buenos Aires também é a Plaza de Mayo, lugar icônico e importante marco político, onde ainda fervilham os principais acontecimentos do país, sobretudo as manifestações organizadas por Evita Perón em favor da libertação do ex-presidente Juan Domingo Perón, na década de 1940, e as passeatas da associação Mães da Praça de Maio, reunidas para descobrir o paradeiro dos seus filhos mortos sob a ditadura dos anos de 1970.

Cercada por edifícios emblemáticos, como o Cabildo (o Museu Nacional) e a Catedral Metropolitana, é graças à Casa Rosada, um dos maiores símbolos do país, que a praça mais se destaca. Sede da presidência da República, o edifício de inspiração italiana foi palco de vários episódios políticos e de manifestações artísticas que vêm se somar ao seu importante acervo de pinturas e esculturas.

Apesar de todos esses atributos que oferece, Buenos Aires representa, para mim, trabalho e estudo. Um mergulho no conhecimento. Explica-se: os argentinos são intelectualizados. Espiritualizados. Reivindicativos e acostumados a defender seus interesses, cultuam sua história e geografia como reza a educação europeia e não se poupam numa discussão acalorada para defender pontos de vista.

Resultado de um longo treinamento com profissionais argentinos — em especial, a Martha Berlin, o Emilio Rodrigué, o Gregorio Baremblitt, que me formou em psicanálise e me habilitou em psicodrama e trabalhos corporais, o Dalmiro Bustos, com quem fiz terapia durante mais de 20 anos —, tenho a sensação de que minha alma está irremediavelmente conectada com a Argentina e seu povo. Todos eles me influenciaram muito.

Minha ligação com Emilio e Martha é atemporal. Eles vieram para o Brasil fugidos da ditadura argentina e se hospedaram na minha casa, em São Paulo. Ele havia escrito um livro importante, *O Anti-Eu*, cuja publicação foi proibida no seu país. A brochura ficou guardada no alto de um armário em casa, como se fosse um tesouro, uma relíquia.

Eu fui uma das primeiras a folheá-lo e, de tão interessante que é, faz parte das minhas ferramentas de trabalho até hoje. Aliás, os livros do Rodrigué representaram muito para mim, mas eu acredito que o verdadeiro vínculo que estabeleci foi com ele próprio e a Martha, uma psicodramatista de primeira ordem.

Na verdade, eu conheci o casal na Bahia, onde a gente também chegou a morar sob o mesmo teto por algum tempo. Ali, promovemos jantares e *falares*, isto é, aqueles encontros de psicanálise para discutir um pouco de tudo. Depois, eles me acompanharam no Rio, onde fizemos um grande grupo de formação e, em seguida, também em São Paulo, onde muito influenciaram minha família — em especial, minhas filhas. Assim, sinto um profundo respeito pela inteligência e pela formação deles, que tem um quê de intelectualidade britânica e a mim encanta.

Encontrá-los pelos meandros da psicologia foi algo que contribuiu muito para o meu crescimento, para a construção da minha identidade e para o meu aprendizado.

Passados tantos anos, percebo que meu percurso profissional tomou outro rumo depois do nosso encontro. Na Bahia, eles vinham, davam *workshops* e, depois, o grupo se recolhia para trabalhar. Uma vez por mês, fazíamos intensos laboratórios de transformação pessoal, com técnicas de mobilização de grupo *up to date*, que eles traziam do exterior.

Em determinado momento, passou a ser a minha vez de ir para a Argentina. Dei *workshops* em um lugar chamado Casa Verde, onde trabalhei com a Martha Berlin e o Carlos Briganti. Depois, atendi um grupo particular. Falávamos de bioenergética e fazíamos exercícios corporais.

Era um grupo muito interessante, que deu origem ao Instituto de Análise Bioenergética de Buenos Aires; este, por sua vez, se tornou o Instituto de Biossíntese, que eu coordeno atualmente. Na biossíntese, formamos um grupo importante, Rubens Kignel e eu. Quanto ao grupo que coordeno há algum tempo, tenho um profundo afeto por ele. São alunos sempre receptivos, estudiosos, dedicados, que produzem conhecimento e promovem debates. É um prazer dar aula para eles porque as perguntas são inteligentes, o diálogo é aberto, e porque há muita troca entre nós.

Agora, quando vou a Buenos Aires, não sinto estar em um ambiente de passeio, compras ou para descobrir belezas naturais e uma arquitetura diferente. É uma cidade para estar envolvida com o trabalho, com questões intelectuais.

Obviamente, a Argentina sempre será a capital do tango, aquele cancioneiro meio melancólico, que nos atordoa como um fado, algo que inclusive permeou toda a minha geração. Claro, também há as milongas, as carnes, os vinhos, a tentação de se deixar levar pelos bairros boêmios. Mas, para mim, Buenos Aires sempre será um reduto de gente politizada, bem informada — enfim, uma janela para a vanguarda intelectual, que transformou a mim e à minha trajetória profissional.

As dores de um grupo *case*

Eram umas 18 ou 20 pessoas, homens e mulheres de todas as idades, já formados em análise bioenergética na Argentina. Eu havia sido chamada para dar uma formação em biossíntese em Buenos Aires, e faríamos reuniões em torno de dinâmicas de grupo e de aprendizagem teórica.

Em comum, porém, todos eles traziam uma profunda ferida: vinham de outra escola de terapia corporal, cujo processo de formação, muito rígido, os havia levado a sentir que seu mérito profissional tinha estado em avaliação e que eles haviam sido reprovados. Desse julgamento resultaram humilhação e insegurança.

Quando começaram a formação em biossíntese comigo, eles estavam, portanto, muito sofridos e desconfiados. Havia, também, uma sensação de perigo diante da exposição. Na verdade, eles não queriam que lhes dissessem se eram bons terapeutas ou não. Tudo o que queriam era aprender.

O que eu tinha pela frente era uma ferida de orgulho do terapeuta. Inicialmente, precisei fazer muitos trabalhos em grupo, de cura propriamente dita, pois eles temiam passar por novo julgamento. Era efetivamente um processo de recuperação, e, para instalar esse trabalho de *healing*[11], eu precisava criar uma atmosfera de confiança, e não colocar o dedo na ferida deles. Solidariedade entre todos e acolhimento era o que mais necessitávamos; não criar um campo de oposição.

Na dinâmica de grupo, eu me dediquei a uma escuta finíssima das queixas de cada um. Eles expressaram raiva, medo e repudiavam aquela situação com a qual haviam sido confrontados. Eu não tinha registros de como desenvolver aquele trabalho: o que buscava era um *healing* coletivo das feridas geradas durante outra formação. Assim, todo o processo foi de grande aprendizado também para mim: entendi a importância de respeitar o paciente e a capacidade dele de compreender o seu terapeuta e a relação estabelecida entre eles.

Também aprendi na prática que não cabe ao *trainer* criticar seus alunos ou lhes dizer se estão prontos para ser bons terapeutas ou não. Em vez disso, ele deve apenas ajudá-los a crescer.

Como eles eram muito espiritualizados, trouxemos essa espiritualidade para a cura do grupo. Fizemos realmente um trabalho de essência, que demandava, sobretudo da minha parte, ajustar o tempo de acordo com o ritmo do grupo. Ali entendi, em resumo, que o terapeuta não pode assumir o papel de guru; deve apenas estar no lugar do justo e defender seu grupo.

Em busca do *técnica* healing coletivo

Totalização e *detotalização*: duas técnicas que a biossíntese nos oferece para pensar em terapias que possam ser aplicadas em grupo. *Totalização* é o processo de trabalhar o indivíduo como um todo, tanto energeticamente como do ponto de vista do caráter e da sua forma de funcionar no sistema familiar em que ele se insere e fora dele. Em oposição a isso, *detotalizar* é o exercício de ir das partes para o todo.

Com relação ao grupo de formação em biossíntese, eu trabalhei parte a parte até que o grupo pudesse ter essa confiança básica em mim e se organizar como um todo. É como se eu abordasse primeiro o indivíduo, depois a dupla, depois os trios, e assim por diante. O objetivo era detotalizar uma compreensão das angústias que eles estavam sentindo em relação ao treinamento anterior, ao grupos e, em última instância, em relação a mim como *trainer*. Assim, ao detotalizar, se chegaria a uma totalização, trabalhando o corpo por partes: primeiro, os olhos; depois, a boca... O indivíduo passa a se sentir inteiro, coeso: os olhos pertencem a um corpo, assim como a boca, as mãos.

A mesma coisa acontece quando eu parto de um indivíduo muito rígido, ou muito fragmentado, e tenho uma abordagem de detotalização: ele vai perdendo essa rigidez, vai confiando no processo e se integrando a ele. Em contrapartida, quando trabalho com uma pessoa muito desmontada, vou tentando totalizá-la, para que as emoções estruturem seu sistema energético e ela tenha uma sensação de si mais organizada.

Quando o grupo tem medo, ele necessita de proteção. Assim, é preciso usar essas sensações negativas para detotalizá-lo, torná-lo mais suave e exposto, enquanto se tece uma rede de proteção contra esse medo. Com isso, conseguimos alcançar uma confiança básica e uma forte coesão entre todos, o que permitirá uma exposição verdadeira.

Em termos práticos, para atingir esse objetivo, propus um exercício sobre camadas. Pedi a três voluntários do grupo que fossem para o centro da sala e representassem, cada qual, uma camada: o ectoderma, o endoderma e o mesoderma.

Pensamento, emoção, ação. Quando falamos de ectoderma, nos referimos às estruturas cerebrais de pensamento — neocórtex, córtex —, mas também à pele, que é uma transmissão ectodérmica. O endoderma, por sua vez, diz respeito às vísceras: é onde se afunilam os sentimentos e as emoções mais profundas. Muitas vezes, essa conexão entre o pensar e o sentir é fragmentada. Quanto ao mesoderma, é o gesto de contato com o outro, a própria expressão no mundo: a musculatura, o tônus, mas também a possibilidade de contato, de ação, de estar com o outro, de ter voz e um olhar.

Feita essa representação das três camadas, os alunos ficaram enfileirados e o primeiro a usar a palavra foi o ectoderma. Suas queixas faziam referência a um profundo cansaço, talvez proveniente das atividades do dia a dia, enquanto o paciente que representava o mesoderma ia se movimentando com certa inquietação.

Questionado sobre essa mesma sensação de cansaço, o representante do endoderma não soube responder. Mostrou-se paralisado e precisou de ajuda para desenvolver a temática.

Nesse ponto, pedi a outra voluntária que fizesse a ponte entre as três camadas. A intenção era encontrar um meio de estabelecer uma ponte entre elas, para liberar o fluxo, reposicionar a queixa e dar forma a alguma expressão.

Mais adiante na sessão, busquei aprofundar os trabalhos: propus a tese de que esse cansaço estaria fortemente relacionado a sentimentos ligados à mãe. A proposta encontrava justificativa na biossíntese, já que todo o pensamento de David Boadella é embriológico: sua compreensão do sujeito parte do feto. Desde a formação das três camadas até o desembocar nas tendências de caráter de que fala Alexander Lowen, todo o processo começa, para Boadella, com o embrião.

Resultado: a ideia gerou inquietação em quem representava o mesoderma, forte emoção de quem estava no endoderma e tristeza do ectoderma...

O que aconteceu ali, naquela intervenção, foi que quem estava como ectoderma pôde expressar o que sentia em relação às cobranças maternas, dando voz a sentimentos interiorizados. Quem estava como mesoderma se mobilizou mais, dando expressão à sua raiva, e quem representava o endoderma deixou mais evidente uma tristeza resultante do distanciamento materno. Ao longo da sessão, o que se viu foi a manifestação de algo ocorrendo nas três camadas.

Como os meus formandos sentiam muita vergonha e culpa, eu tinha de trabalhar na área onde elas são fabricadas, isto é, na cabeça: ectoderma. Já outras emoções, como a raiva e o medo, são expressões primitivas, corporais e profundas, e supõem lidar com o que é visceral, ou endodérmico.

Assim, focamos quatro emoções — duas da cabeça e duas corporais. Em relação aos exercícios do mesoderma (ações, músculos), a ideia era desenvolver outra expressão ainda.

Pedi aos alunos que colocassem uma almofada sobre o peito e nomeassem uma emoção.

— O que você sente?

Quando estivessem prontos para se separar desse sentimento, eles tinham de deixar a almofada no meio da sala, como se agora essas sensações não lhes pertencessem mais. O exercício permitiria não só dar nome ao que sentiam como se separar daquilo.

Outro exercício de grupo para lidar com emoções foi pedir-lhes que dançassem ao ritmo da dança dos cinco ritmos de Gabrielle Roth, buscando fluxo, desenvolvendo movimentos circulares em determinado ritmo, depois em outro, buscando pontos de apoio na sala, foco e direcionamento para onde queriam ir. A proposta era, portanto, se dirigir para um foco predefinido.

Propus outros movimentos mais caóticos, de soltar a cabeça, sentir o caos no corpo inteiro, se jogar no chão e buscar uma conexão entre a terra e o céu. Graças a esses movimentos, eles foram soltando as articulações, de acordo com os diferentes ritmos. Quando pararam, anotamos como estavam se sentindo. Depois, foram orientados a pegar uma almofada, nomeando-a com o sentimento mais presente naquele momento.

Evocou-se o medo, a alegria, a força, a desconexão, o prazer, a angústia, o caos, o alívio, a confusão, a determinação. Uma vez nomeadas, as almofadas foram sendo deixadas no centro da sala. Com isso, os alunos puderam perceber o que estava reprimido no corpo deles, como era estar uns com os outros, num grupo, e como era olhar para essa construção feita com almofadas que simbolizavam emoções.

Outro ponto que eu também trabalhei foi a diferença entre aprender a nadar nos sentimentos e se afogar neles. Quando conseguimos descrever cada sentimento, colocando-o para fora, elaboramos um conceito sobre o que sentimos. Se não temos esse conceito, nos afogamos nas emoções: a tristeza se torna incontrolável, o choro também, e a gente se afoga. Em contrapartida, quando aprendemos a nadar nos sentimentos, aprendemos a voar, a ir além de nós mesmos.

Aprender a nadar para poder voar: foi o que almejamos nesse processo de formação. Hoje, o grupo está estruturado e deu um salto gigantesco. Da contração — porque o medo é contração do corpo — passou para a expressão. Foi capaz de abrir os braços e se expandir na mais precisa expressão de si.

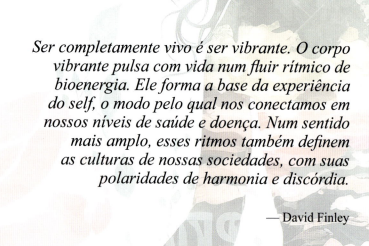

Ser completamente vivo é ser vibrante. O corpo vibrante pulsa com vida num fluir rítmico de bioenergia. Ele forma a base da experiência do self, o modo pelo qual nos conectamos em nossos níveis de saúde e doença. Num sentido mais amplo, esses ritmos também definem as culturas de nossas sociedades, com suas polaridades de harmonia e discórdia.

— David Finley

II — Fundamentos do trabalho clínico

Como tudo começou

Como vimos, tudo aconteceu numa época em que eu estava cansada da psicanálise e de olhar para o teto, deitada num divã: descobri o psicodrama com a Martha Berlin e o Dalmiro Bustos, e então a terapia ultrapassou a simples associação de ideias e passou a ter movimento.

Emilio Rodrigué me apresentou a Alexander Lowen em Nova York. Descobri-lo e também à bioenergética transformou radicalmente a minha vida. Lembro que me impressionou não só a figura dele, mas também o que suscitavam os exercícios catárticos e o *banco da bioenergética*[12] que ele propunha, além da própria expressão da bioenergética.

Lowen tinha força, disposição e confiança no seu saber, tanto como teoria quanto como prática. Dotado de uma formação típica do norte-americano dos anos 1940, do pós-guerra, foi inicialmente professor de Educação Física e, mais tarde, graduou-se em Medicina. Em parceria com John Pierrakos, psiquiatra e terapeuta greco-estadunidense, criou exercícios de inspiração reichiana para tirar as tensões do corpo e abordou questões de caráter e as estases.

A teoria de Wilhelm Reich eu conheci antes do Lowen. Ao aderir ao psicodrama, deixei de lado a psicanálise como técnica, mas não como teoria, e fui descobrindo a linguagem do corpo. Naquele tempo, o Brasil ainda não conhecia Lowen. Nem David Boadella. Conhecia apenas Reich. Li *Análise do caráter* e participei de grupos de estudos — uma tarefa difícil, porque havia muito desvio de compreensão.

Reich foi de grande importância para trazer o corpo à terapia. Conhecer e reconhecer esse sistema energético, essa circulação de fluxos dentro de um organismo vivo, e ir além do plano mental, foi um divisor de águas para mim.

Lowen, por sua vez, deu mais um passo adiante ao reintegrar cabeça e corpo: sua teoria, bem como seus exercícios, faziam muito sentido na medida em que o toque dele era cirúrgico; ele sabia exatamente o que falar, como tocar, como conduzir o exercício até que as *couraças*[13] derretessem, e não se intimidava diante de uma resistência de caráter. Seguia em frente até alcançar aquele mundo do inconsciente, no qual o avesso vem à tona. Seu mérito está em ter postulado que uma cabeça tem um corpo — o que Reich chamava de *unidade funcional*.

Com ele, aprendi a adotar como conduta a investigação desse mundo interno, que, na verdade, é a ligação com o inconsciente, aquilo que Boadella chamava de *um fio mais solto*, que leva ao que o inconsciente tem a dizer.

Através da norueguesa Gerda Boyesen, grande fundadora da psicologia biodinâmica que propôs dialogar com os sons emitidos nas vísceras por estimulação de massagem remetendo à vida fetal, eu me aproximei do Boadella, que veio ao Brasil a convite da psicoterapeuta baiana Eunice Rodrigues para formar um grupo. Eu trabalhei diretamente com ele até os seus últimos dias. Uma vez por ano, ele nos dava uma formação de biossíntese em grupo.

A primeira grande diferença entre Lowen e Boadella é que o primeiro era americano, enquanto o segundo era europeu. Isto é, Lowen sustentava o orgulho de ter conquistado a vitória no pós-guerra; um homem em pé, com poder de expressão. Boadella, inglês, incorporava a Europa devastada pelo conflito mundial, precisando encarar suas dores e reconstruir fragmentos. Representou o homem inclinado na direção da espiritualidade.

A segunda diferença é que Boadella se interessou muito mais não por esse corpo concreto, com suas couraças e caráteres, mas por outro, que constitui um mundo interno, com fluxos e pulsações. Para ele, couraça e caráter continuavam sendo aspectos externos, pois Lowen não ia além da leitura das fases de desenvolvimento da libido. Boadella, por sua vez, falava em *tendência de caráter*, entendendo-se que ele tenha ritmo, ondas e fluxos internos.

Durante os grupos, também conheci Silvia Boadella, companheira de David, que estudava o alinhamento dos chacras, as auras e os campos quânticos. Sua percepção contribuiu para ampliar meu conhecimento, acrescentando a dimensão da espiritualidade. Assim, fui saindo dessa estereotipia das couraças, dos caracteres estratificados, para adotar o conceito de que todo indivíduo é uma alma encarnada em um corpo.

As premissas de Reich fizeram todo o sentido para mim quando entendi que ele retomava a teoria de Freud que atribuía a origem da neurose à repressão sexual, e propunha que ela se dava não apenas no plano psíquico, mas também no físico.

Reich acreditava que o corpo respondia à repressão gerando tensão muscular, o que, com o tempo, se traduzia por dores crônicas e doenças. Dizia que essa armadura ou couraça moldava o físico e o caráter do indivíduo, e determinava como ele encarava a existência: as defesas de caráter constroem o *shape* do corpo[14].

A solução que propunha para dissolver *armaduras musculares* ou *armaduras de caráter* eram exercícios expressivos, respiratórios e focados na análise da transferência, sobretudo na projeção da transferência negativa. O objetivo era liberar a energia sexual reprimida. Para tanto, era preciso desvestir o corpo, aprofundando o olhar sobre as couraças musculares. Um corpo seminu. A proposta chegou a chocar o mundo todo. Foi um escândalo.

Na comunidade internacional, as ideias relativas à libertação do corpo formuladas na Califórnia vieram ao encontro de pregações caras a uma elite pensante, nos anos 1960/1970: a luta contra toda forma de repressão, em especial a política, o feminismo emergente, o amor livre e o psicodelismo. Ao lado de outros grandes ícones do pensamento mundial que postulavam o afrouxamento de costumes arcaicos, Reich tornou-se um visionário aos olhos desse grupo de intelectuais de vanguarda, um guru que conclamava à "revolução sexual".

Foi nesse caldo de reformulações existenciais que eu me reconheci como pessoa e terapeuta.

Inicialmente, interessei-me pelas ideias de Alexander Lowen sobre formas de energia. Grande adepto dos exercícios físicos, que pessoalmente lhe proporcionavam extraordinário bem-estar, encontrou neles a motivação necessária e o gatilho para o seu trabalho psicanalítico.

Foi com Reich que Lowen aprendeu que energia sexual é energia pura. Os estudos da atitude do corpo permitiram reconhecer que não existe indivíduo neurótico que não apresente tensão pélvica. Comum a todos é também a tendência de reter a respiração e inibir a expiração, o que corresponderia a uma tentativa de controlar sentimentos e sensações. Tal comportamento serviria para reduzir as atividades metabólicas do organismo, diminuindo a energia e, portanto, amenizando a ansiedade.

Em consequência, acreditou-se que o primeiro passo no procedimento terapêutico era conseguir fazer que o paciente respirasse mais profundamente, de maneira a se entregar aos movimentos espontâneos e involuntários do corpo. Feito isso, as ondas respiratórias produziriam uma ondulação do corpo: o *reflexo do orgasmo*.

Lowen também se dedicou a um estudo intensivo dos tipos de caráter, relacionando as dinâmicas físicas e psicológicas dos padrões do comportamento, e propôs que a bioenergética é a técnica terapêutica que ajuda o indivíduo a se reencontrar com o seu corpo e tirar o mais alto grau possível de proveito da vida que há nele, uma vez que os processos energéticos do corpo determinam o que acontece na mente.

Suas pesquisas, igualmente baseadas nas ideias de Reich, o levaram a sustentar que o neurótico obtém equilíbrio concentrando sua energia em tensões musculares e refreando sua excitação sexual. Já o indivíduo saudável não mantém sua energia confinada na *couraça muscular* e a tem disponível para o prazer sexual ou para qualquer outro tipo de expressão criativa.

Nesse sentido, ele sustentou que a terapia bioenergética pode ajudar a resolver problemas de personalidade e outros, físicos e emocionais. Nessa abordagem, usa-se o corpo para compreender a mente e atestar que a energia do organismo é vital para seu funcionamento. Sem ela, a tensão muscular crônica se instala e passa a comprometer o que o indivíduo pensa, sente e faz. Partindo da estreita ligação entre processos físicos e mentais, Lowen desenvolveu, assim, exercícios especiais para dissolver essa tensão, integrando os níveis emocional, físico e psíquico.

Já a biossíntese de Boadella é uma prática que sintetiza três importantes linhas terapêuticas: a psíquico, a físico e a espiritual. É, hoje, reconhecida internacionalmente como um método de desenvolvimento profundo, capaz de oferecer instrumental para uma efetiva consciência da capacidade humana de autorregulação e de interação com o ambiente externo. Boadella trabalhou inicialmente com crianças com dificuldades emocionais, e sua abordagem é resultado de muitos anos de experiência em terapia reichiana.

No final dos anos 1960, emergiu da tradição reichiana a psicologia biodinâmica, método desenvolvido por Gerda Boyesen que trabalhava com distintas formas de massagem para soltar a energia bloqueada e, pessoalmente, muito me inspirou. Boadella tomou em mãos a tarefa de organizar os primeiros seminários profissionais, publicar trabalhos teóricos de Boyesen e formar grupos de treinamento.

Assim, a abordagem terapêutica de Boadella foi fortemente influenciada pelo legado de Reich e por outros profissionais que destacavam a importância de reflexões e observações advindas da embriologia e do estudo da vida intrauterina. A embriologia entende que o processo de encarnação da alma e de humanização do indivíduo começa no útero, e até antes disso, e vai além do nascimento — um dos preceitos defendidos pela biossíntese.

Evolução do conceito de sexualidade

A revolução sexual começou com Lilith, a mulher que foi feita de barro, tal como Adão, e deu a Eva a maçã proibida. Primeira "feminista" a rejeitar o papel secundário que lhe foi atribuído, de acatar as ordens do marido, inspirou a associação entre sexualidade e expulsão do Paraíso e rechaçou o pudor diante da nudez. Talvez essa procura do paraíso primordial — a busca do "orgasmo cósmico" — acompanhe a humanidade até os dias de hoje.

A sexualidade já aparecia nas culturas orais. Na Idade Média, o erotismo das canções, das poesias, enredado nas histórias da vida eclesiástica, sempre evocou o corpo, sobretudo o corpo feminino. Mas essa sexualidade estava sempre à parte, calcada nos desígnios da reprodução. Em torno dela, desenvolveram-se zonas específicas para o funcionamento de prostíbulos, onde tudo se permitia.

No século 16, a visão do corpo no campo da sexualidade passou a atender à produção de capital. Ao situar a cortesã no centro da sociedade, promoveu-se uma mudança no comportamento urbano tradicional. O sexo e o dinheiro foram percebidos como um jogo de poder, delegado às prostitutas, fora dos círculos familiares. Em consequência da movimentação em torno dessas atividades, as meretrizes foram se tornando *investidoras* e *investimento*, com funções importantes no controle das atividades proibidas.

Em certo momento, a magia do sexo perdeu fôlego. Segundo o sociólogo e historiador francês André Béjin, "Freud teria descoberto a sexualidade e inventado a ciência do sexual".

O surgimento da sexologia atual se deu a partir da Primeira Guerra Mundial, quando Wilhelm Reich enunciou o que chamou de "a verdadeira natureza da potência orgástica".

Nos anos 1940, o pesquisador Alfred Kinsey e seus colaboradores lançaram com enorme impacto o livro *Sexual behavior in the human male* [Comportamento sexual do homem], baseado em entrevistas com 11 mil norte-americanos. O livro seguinte, *Sexual behavior in the human female* [Comportamento sexual da mulher], veio a público cinco anos depois, causando um clamor ainda maior. Estava assim definido o problema central do século 20: o orgasmo. Antes disso, o mundo só conhecia a função reprodutiva. A do orgasmo se tornou, então, a unidade de medida do funcionamento psicofísico do indivíduo, pois é através dela que se expressa a energia biológica: a unidade funcional.

A partir daí, o homem passou a ser capaz de atribuir palavras à expressão orgástica do seu corpo, e o mesmo aconteceu com a mulher.

O conceito reichiano de energia orgástica — que o psiquiatra austríaco tão bem descreveu na curva orgástica — abriu caminho para um sem-número de terapias do orgasmo. A leitura de suas obras deu suporte e vazão ao movimento *hippie*, à busca de liberdade, à troca de parceiros sexuais, aos divórcios em massa e à depressão em cascata, em meio a uma longa guerra opondo os Estados Unidos ao Vietnã.

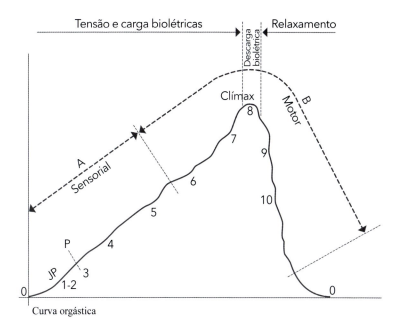

Curva orgástica

As lições de Reich legitimaram a liberdade, mas não conduziram ao orgasmo pleno, tão idealizado e perseguido. Como se não bastasse, o pensamento reichiano foi muito mal interpretado, sendo ele considerado "um homem pornográfico". O *establishment* distorceu a visão dele sobre a função do orgasmo, pois era muito perigoso soltar as rédeas do prazer e construir uma sociedade baseada na convicção de que a sexualidade é força de vida, que permite ao corpo fluir em direção ao prazer.

Em outras palavras, o orgasmo é um fluido em movimento. Universal.

Para descrever o pico do orgasmo, Reich usou a expressão em francês *petite mort*: a sensação de estar morrendo sem que haja morte. O ego precisa se entregar, sair de cena num profundo *give-up*. Mas como é vivida a excitação no corpo dentro da estrutura da curva orgástica, onde a excitação periférica deveria conduzir a espasmos internos que mobilizariam a eletricidade do corpo inteiro?

Talvez não tenhamos saído da periferia.

Um dos marcos da sexualidade foi a descoberta do clitóris por parte das mulheres — algo que precisou ser "descoberto" porque elas não podiam explorar o próprio corpo. O surgimento da pílula anticoncepcional mudou esse comportamento feminino, dando-lhes a oportunidade de dispensar a gravidez e buscar a liberdade do orgasmo. Os conceitos de masturbação feminina e perversão de Freud se fincaram nesse contexto.

Pouco depois, a aids e a obrigatoriedade da camisinha aprisionaram novamente o sexo no seu casulo de repressão e o mundo refreou desejos. Em contrapartida, o advento do Viagra prolongou a possibilidade de desfrutar de uma vida sexual ativa na velhice.

Nos dias atuais, nunca se falou tanto de sexo: a vida erótica dos adolescentes, dos idosos, por trás do computador, nas páginas dos "guias de sexo", nos filmes e nas revistas pornôs, tudo isso é assunto recorrente em todas as culturas.

O homem moderno se perde em meio a tanta informação. A mídia e a tecnologia nos impõem, hoje, a hiperpornografia, a hiperexposição sexual e a banalização do papel do prazer na sociedade. O culto à imagem e a preocupação com a beleza do corpo foram sendo depositários da sexualidade e a importância do orgasmo perdeu relevância.

Ou seja: a tão famosa revolução sexual não conseguiu atingir seu clímax. A mudança que Reich acreditava poder alcançar em todas as áreas — a filosofia, a educação, as artes e sobretudo a política, pois é nesse contexto que se define o conceito de potência — não se firmou. O ser natural deixou de existir e o conceito de autorregulação ficou para trás.

Como seria a vida se a pulsão não tivesse sido reprimida? A repressão sexual ainda existe, mas o que parece ainda mais insidioso é a repressão do contato real entre as pessoas. A revolução sexual virou o oposto do que Reich pregava na sua época. Meninas e meninos começam a experimentar o sexo aos 13 anos, assistindo a vídeos na internet ou em relacionamentos virtuais desprovidos de qualquer erotismo e entrega amorosa. É de se pensar, então, se a revolução sexual não virá dessa maneira *libertas quæ sera tamen*, fria e distante como uma máquina... Bastando apertar botões.

O universo do bebê

Nossa melodia da vida começa no útero.

O primeiro ambiente do bebê é o corpo da mãe, mas ela é mais que um útero, por ser também um corpo psíquico. Entretanto, às vezes, deparamos com uma mãe que não tem um corpo suficientemente quente, capaz de oferecer boas experiências pré-natais à criança. Desse modo, o útero pode se apresentar como uma fonte de problemas: um ecossistema vulnerável, isolado, sem conexões.

Entre as polaridades expressas na vida humana, esta inicial pode ser descrita pela oposição útero congelado *versus* útero de veludo (ou quente).

Explica-se: nossas emoções nascem na relação dos afetos umbilicais entre a mãe e o bebê, e o útero é a junção do emocional com o espiritual. Quando nossos afetos umbilicais são amorosos, a força e o poder nos acompanham na organização da nossa identidade durante o processo de desenvolvimento. Durante muito tempo, acreditou-se que o feto era passivo.

Hoje, com o auxílio das pesquisas científicas, já sabemos que ele dorme, acorda, sonha, se movimenta, e que suas células se reparam.

Este é o início da nossa biografia, enquanto célula primária do Universo, pois o esperma já traz consigo toda a sua história genética e transgeracional. O fundador da biossíntese explica que existem dois oceanos pulsantes que nos reconectam ao Universo no momento do nascimento, através da sensibilidade e do amor: o oceano cósmico e o oceano respiratório.

A biossíntese — ou *integração da vida* — se preocupa com essa mesma relação entre a mãe e seu bebê, desde o momento da fecundação e ao longo de todos os ciclos da vida, até a morte.

O feto tem muita força e poder, mas se houver sofrimento e as primeiras impressões pré-natais forem negativas, isso o traumatiza e enfraquece. Em tais condições, o bebê se fecha aos afetos biológicos e, mais tarde, aos afetos da vida adulta. Nossa morfologia é dinâmica e é afetada pelos vínculos durante o desenvolvimento; o princípio embriológico organizado nesse período estará presente e permanentemente funcional ao longo de toda a vida. Assim, tudo o que ocorre durante o período pré-natal organiza o pós-natal e se torna desafio para o organismo humano.

Nas condições descritas, o cordão umbilical se fecha no pós-natal. Abrem-se os pulmões e uma nova maneira de nutrição tem início. O contato pele a pele propicia uma ressonância energética entre mãe e filho, através da respiração e do ato de sugar. Muitos aspectos do desenvolvimento têm influência marcante na construção da personalidade. A emoção busca uma expressão para solucionar um estado da alma que foi criado internamente. E se essa expressão for bloqueada, a solução fica prejudicada e a emoção, contida.

Cabe aos campos de contato regular a relação entre pais e bebê, mas a autorregulação não se dá plenamente se o campo de contato não for acionado. Hoje, sabemos que a autorregulação é o conhecimento e a sabedoria internos, e que ela está conectada com o sistema imunológico. Ela incide sobre o corporal, o energético e a consciência, e a biossíntese foca a dimensão holística, uma vez que cada molécula pertence ao todo.

Assim conceituado, todo organismo conta com um reservatório de energia, sendo importante que haja uma distribuição da energia corporificada.

Nas maternidades e nos hospitais, a tecnologia encontra-se tão presente que ela permeia o próprio ato de nascer desde os primeiros instantes de vida do bebê. Em nossa cultura, já não existe mais uma mão quentinha para acolher a criança que vem ao mundo. Ambientes frios, assépticos; mães muitas vezes anestesiadas e, portanto, ausentes; enfermeiras e médicos apressados, ansiosos por cumprir todos os rituais protocolares que envolvem o nascimento, recebem mas não amparam a criança — um ser vulnerável e dependente.

No nosso entender, carinho e respeito já não mais integram esse momento. Com base nisso, a biossíntese propôs um diálogo entre as polaridades objetiva e subjetiva, sendo a primeira a esfera das regras, da precisão, do que é intelectual, e a segunda, a da empatia, do que é impulsivo e emocional.

A proposta consiste em reconectar três princípios funcionais — os afetos (fluxo energético, inspiração, sentimento), a ação (*behaviour*) e o conhecimento (integração com o pensamento): *ectoderme*, *endoderme* e *mesoderme* — e a pulsação harmônica entre eles, em oposição ao estresse da vida moderna.

O desejo tem início na endoderme, que se conecta com a compreensão (ectoderme), que por sua vez se expressa e vai em busca do gesto de contato através da ação mesodérmica, ou seja, consolidando o *mesoderma*[15] como a camada do vínculo. Assim, o *self*, a expressão mais completa das combinações do destino que dão contorno ao indivíduo, se transforma em uma meta de vida.

Se o desejo não é reconhecido pelo ectoderme, a emoção fica impulsiva.

O surgimento do ego se forma primeiramente pela percepção do nosso corpo e existência e, a seguir, pelos registros de nossa memória. Na fase pós-uterina, a imagem corporal é difusa, indiferenciada. Entretanto, já existe um centro regulador da totalidade do organismo na criança. Seu *self* (o si mesmo) corporal está incluído no *self* corporal da mãe, que acolhe, alimenta, agasalha, aquece e lhe oferece contato. Esse mesmo contato propicia a interação dele com o mundo. Por isso a qualidade desse vínculo inicial é tão importante.

O primeiro contato com a mãe se dá no nível da pele, nosso órgão mais antigo e sensível. A "mente da pele" é a consciência como produto da percepção e orientação no mundo externo, e sua origem deve ser ectodérmica, ou seja, produzida no relacionamento sensorial da pele com o mundo externo.

O sistema nervoso central e a pele se desenvolvem a partir do *ectoderma*[15]. O "eu" de cada indivíduo ajusta continuamente suas contas com o passado e, assim, produz infatigavelmente os mesmos dramas, justamente aqueles que o "eu" de outrora, ainda criança, enfrentou na tentativa de sobreviver psiquicamente num mundo de adultos. A partir de conflitos gerados nessa instância se manifestam neuroses, problemas de caráter, perturbações narcísicas, vícios e perversões, psicoses e somatizações. Em um segundo momento, resultam de fantasmas e ideias infantis até representações elaboradas pela psique.

Exemplo de caso clínico: um cliente fóbico apresentava como sintoma, no momento do pânico, um *vazamento energético*[16] do seu "eu pele". À medida que a terapia foi progredindo e o trabalho de contorno do corpo e do contato com a pele avançou, ele internalizou a compreensão de que podia ser protegido pelos limites do seu "eu pele". Isto é, no momento do pânico, o recurso que desenvolveu foi sentir que seu corpo era um território que o protegia. Com isso, ele foi aprendendo a conter a sua energia sem temer que seus afetos vazassem. Assim, fortaleceu seu *endoderma*, reconhecendo a si mesmo através da absorção do contorno do "eu pele".

Nesse caso, a maturação humana consiste no processo de passar da condição de animal dependente para a completa independência, sendo o ser humano capaz de tomar consciência do seu desenvolvimento e de influenciá-lo ao longo da vida.

A teoria das estruturas de caráter

A pulsação é um conceito de saúde que defende a ideia de que todas as células, todos os tecidos pulsam juntos, expandindo-se e contraindo-se ritmicamente. Quando essa pulsação rítmica é livre, sentimos prazer e alegria, vivenciamos o êxtase.

O oposto são as estruturas caracteriológicas de defesa, que o indivíduo formou em virtude da sua necessidade de sobreviver na relação com o mundo exterior — inicialmente, com a matriz materna e, depois, com o pai, a escola, a sociedade e a comunidade.

Caráter, portanto, é um *continuum*, uma estratégia de sobrevivência que o bebê desenvolve para se proteger contra as pressões do mundo externo sobre o seu mundo interno. Segundo Wilhelm Reich, algumas dessas defesas são boas; outras, não. Hoje sabemos, por exemplo, que o indivíduo pode sobreviver com suas defesas, mas muitas vezes ele não é resiliente e, portanto, não caminha em direção ao futuro. Fica aprisionado na paixão pela dor do trauma.

Cabe ao psicoterapeuta identificar e trabalhar apenas as defesas que não são boas, deixando estruturadas as neuróticas que protegem o bom funcionamento do ego.

A depender da intensidade da reação ao trauma, o indivíduo desenvolve uma tendência de caráter, e sua leitura, pelo profissional, é norteada pelos ensinamentos de David Boadella, que ampliou o conceito de caráter ao afirmar que as tendências caracteriológicas não são diagnósticos fechados. É destino e evolutivo.

Alexander Lowen adotou a nomenclatura freudiana do desenvolvimento psicossexual, oral, anal e fálica.

O primeiro estágio é o caráter esquizoide, o mais regredido e primário de todos, condição em que o bebê sofre intensa rejeição da mãe. Essa tendência é modelada durante o desenvolvimento da oralidade primária (alimentação e sucção). É o instante principal de contato entre mãe e filho e ocorre nos primeiros meses de vida da criança.

Importante observar, aqui, que todo mundo passa pelas etapas oral, anal e fálica. Quando elas são normalmente satisfeitas, e satisfatórias, o indivíduo continua evoluindo. O problema é quando, em decorrência do trauma, elas se tornam crônicas tanto no corpo como na história.

O núcleo interno do esquizoide pode ser o esquizofrênico. Diferentemente do esquizoide, que tem a possibilidade de ser criativo e desenvolver intensas sensações e forte misticismo, o esquizofrênico está completamente voltado para as alucinações e a dissociação.

O próximo estágio se insere no processo de desenvolvimento oral secundário, quando a criança padece de uma nutrição inadequada ou falta de constância no contato íntimo com a mãe e começa a manifestar desejo de morder e de agredir. Esta é ainda uma das fases do vínculo com a figura materna.

Faminto e carente, o oral é totalmente simbiótico com ela. Vive uma enorme dependência e tem pânico de ser abandonado. Se a mãe se faz presente e se propõe a estabelecer o vínculo, ele passa bem. Caso contrário, ele será um oral deprimido. Se a mãe lhe dá atenção de vez em quando e desaparece, ele vai ser um maníaco. No núcleo interno da oralidade, pode aparecer a condição de psicótico maníaco-depressivo ou a melancolia. O vazio interno do oral se transforma em uma grande agonia e é tão profundo que está conectado com sensações de vida e morte.

Tudo aquilo que se dirige para o indivíduo com caráter oral — afeto, emoção — escorrega, como se houvesse um buraco na capacidade de estabelecer vínculos. Para o psicoterapeuta, o grande desafio está em lidar com essa sensação de abandono, enfrentar a voracidade emocional do paciente e entrar em empatia com o seu vampirismo.

Assim como a função da oralidade é uma função nutritiva, a da analidade é a função da autonomia. A função fálica, por sua vez, terceira e última, é a da independência: seu término indica o começo da castração — que pode ser entendida como um limite —, o surgimento do Édipo e o final do desenvolvimento da libido. É quando a criança completa seus 7 anos e tem como ecossistema de vinculação a escola.

Durante a fase anal (início da fase genital), que ocorre em torno do segundo ano de vida do bebê, é a falta de contato íntimo com a mãe que define a tendência de caráter.

Nessas fases da analidade, nas quais pode haver momentos de grande atuação ou de contenção, a fase da autonomia não está estabelecida, podendo gerar defesas caracteriológicas que antigamente eram reconhecidas como psicopatas ou masoquistas, mas que hoje sabemos ser uma desorganização da autonomia.

Nos anos vindouros (fase genital) e até a puberdade, a frustração edipiana típica, em que a criança é rejeitada em suas expressões de afeto corporal, gera a tendência de caráter rígido, cuja palavra de ordem é o controle do ego e do comportamento. Nessa função inserem-se o fálico narcisista, absolutamente distante do contato consigo próprio, e a histérica, que transforma sua sexualidade em poder e desenvolve meios alternativos para não entrar em contato com a depressão.

Lowen: méritos e limitações

Seria possível encaixar hoje 8 bilhões de indivíduos — a população atual do planeta — em uma meia dúzia de estruturas de caráter, como tentaram fazer Sigmund Freud, Wilhelm Reich e Alexander Lowen no início do século 20? A resposta, obviamente, é não.

Entretanto, a contribuição deles é inquestionável por ter lançado um olhar mais atento sobre as distintas estruturas de caráter e suas intersecções com a biologia, a técnica psicanalítica e as somatizações, entre outros aspectos.

Alexander Lowen, um dos principais estudiosos do assunto, apontou inicialmente cinco caráteres primitivos e depois acrescentou outros tantos, todos mistos: anais a meio caminho entre a oralidade e a analidade, entre a analidade e a fase fálica etc.

Desse esforço para compartimentar os princípios que regem uma análise do caráter resultaram o passivo-feminino e a masculino-agressiva, formulações que não se pode pensar em nomear hoje em dia.

Houve muitas críticas ao Lowen. Além de engessar definições e tentar adequar diagnósticos, o modelo proposto apontava o dedo para pretensas anormalidades, fortalecendo um julgamento moral que discriminava pacientes.

Foi Susan Sontag quem afirmou, no livro *A doença como metáfora*, que atribuir um significado a uma doença é uma questão moralista. A humanidade deparou com reações similares ao longo da sua história, não só em relação à peste negra, que acometeu a Europa no século 14, por exemplo, como mais recentemente, quando o preconceito rondou os portadores de aids, de câncer e de covid-19.

Ocorre que, para se falar de caráter, é preciso contextualizar. Hoje, temos a possibilidade de fazer ajustes. Primeiro, em relação à etiologia dessa caracterologia.

De início, ela era totalmente vinculada à figura materna, pois o caráter é um jeito de ser na vida. E esse jeito de ser, de acordo com o desenvolvimento de cada um nas questões da libido, vai se fixando em determinados momentos, dependendo das situações traumáticas que se apresentam ora na fase oral, ora na fase anal ou fálica. Assim, os traumas vão fixando o indivíduo na sua oralidade, ou na sua analidade etc., gerando sofrimento.

Hoje, o trauma é visto de maneira mais ampla. Ele não é só esse evento que ocorre nas fases da libido oral, anal ou fálica, ao longo do desenvolvimento pessoal. Permeia todos os momentos da vida e já se inicia na gestação, quando pode haver uma angústia gerada através do cordão umbilical; transpassa a fase do desenvolvimento oral, anal e fálico e acontece em qualquer etapa da existência.

O trauma pode ser, por exemplo, um acidente de carro que deixou o motorista paraplégico. Pode ser uma violência na rua ou em casa. Pode ser um pai alcoólatra. Um abuso sexual ou uma doença grave. Diante do trauma não deve haver julgamento, nem em relação à intensidade das reações, nem à forma como elas se dão. Isso porque cada indivíduo vive uma intensidade compatível com o seu caráter, sua maneira de ser na vida. E esse caráter se modela de acordo com o trauma, sua fixação e as defesas criadas para sobreviver.

Se um indivíduo ficou extremamente traumatizado e sem defesas, pode até se tornar psicótico. Porém, à medida que desenvolve estratégias psicocorporais de resistência ao trauma, ele adquire resiliência e vai sobrevivendo. Pois se o trauma impede de ir na direção do futuro, a defesa é esse passo para a frente.

Existem pessoas que se apaixonam pelo seu trauma e falam nele o tempo todo: a vida que se constitui a partir de um trauma — que, na verdade, é uma excitação muito grande para o ego — acaba por estabelecê-lo como defesa. Depressões, dores crônicas, doenças podem ser defesas diante do trauma. E se devem a uma falta de percepção do que aconteceu no passado.

As histéricas, por exemplo, fazem muitas conversões: projetam os seus pânicos em determinado órgão. Conversões histéricas são mais fáceis de controlar, porque os medos ficam projetados em um órgão e não se tornam um medo generalizado da vida, que enreda e paralisa.

Defesas também são construídas culturalmente e podem ser transgeracionais. Nesse caso, falamos da repetição de uma saga. Exemplo: uma agressão sexual. Por mais que o fato pertença a um momento específico, a forma de reagir a ele é anterior, já está delineada no indivíduo, e cada pessoa responde à sua maneira. Essa resposta, por sua vez, depende de aspectos genéticos, da história de vida de cada um e de eventuais traumas coletivos (imigração, preconceito racial ou religioso).

Assim, a evolução da análise dos caráteres se dá, nos dias atuais, não mais por uma leitura engessada, de rotulagem, mas à luz de tendências. Isso permite um olhar mais abrangente do indivíduo. Essa abordagem existencial dá atenção ao modo como se formaram defesas para sair do trauma, já que nas tendências de caráter aparecem e se atualizam claramente as angústias uterinas, as do pós-nascimento, do pós-sete anos, da vida adulta e da velhice.

Enquanto se vive, se está sujeito a traumas. Moldadas por esses acontecimentos, as tendências de caráter somam angústias de castração muito grandes — e não só de castração sexual. Pois existe uma castração bem primitiva, que é a de aniquilação. Assim, um trauma pode aniquilar o sujeito, isto é, eliminá-lo enquanto identidade. Exemplos disso são as esquizoidias, que provocam no indivíduo uma reclusão em si mesmo.

Ao longo da vida, a pessoa pode passar por várias defesas de caráter. Assim, como estamos sempre em desenvolvimento, falamos de uma análise combinatória e pontual numa perspectiva de linha do tempo.

Digamos que um indivíduo tenha vivido um trauma que o marcou profundamente e apresenta tendências de caráter esquizoide. Este se formou a partir de uma situação de abandono materno, talvez por conta de uma depressão pós--parto, durante a qual essa mãe não pôde estar totalmente em contato com sua criança nem vivenciar a grande paixão que a maternidade suscita. Assim, ela desconectou o olhar, o afeto.

Esse indivíduo sofreu um trauma durante seu segundo nascimento, quando saiu do corpo da mãe e foi para a vida. Depois de nascer, ele ainda manteve uma extensão de cordão umbilical; o amor materno, a relação íntima com a mãe, o bebê-parte do corpo dela era muito importante. Mas essa mãe não conseguiu ter afeto pelo filho, e é claro que ele vai desenvolver um trauma muito primitivo e constituir defesas.

Ele vai progredir, vai passar para a fase oral, a fase anal e a fase fálica carregando em si um organismo machucado e um psiquismo igualmente atingido: às vezes, a memória do trauma segue junto.

O que dizemos? São traços de memória no corpo e no psíquico. Essa fratura fragmenta a criança na construção do ego — isto é, a formação desse guerreiro que precisa enfrentar a vida e sobreviver. Mas mesmo que ela tenha tido o mais primitivo de todos os traumas, vai evoluir. Com o seu trauma. E pode somar outros.

Por isso, sustentamos que uma tendência de caráter se forma não somente a partir das defesas pela sobrevivência, mas também da construção das próprias necessidades do *self*. Dessa abordagem surge a complexidade das questões de caráter, que nos permite afirmar, sem medo de errar, que não é uma única causa que gera defesas. São várias.

Sabemos hoje que o psiquismo, sendo tão vívido e móvel, não suporta padrões engessados, classificações rígidas. Por isso, no Instituto de Análise Bioenergética de São Paulo, optamos por uma compreensão mais expandida, uma linha mais existencial, fundamentada em Donald Winnicott, Steven Johnson e Nancy McWilliams.

É preciso reconhecer, também, que a realidade atual não nos permite mais fazer diagnósticos fechados. São tantas variações no espectro do gênero e da sexualidade que, para trabalhar com isso, hoje, é preciso pensar em diversidade. Em suma, uma tendência de caráter é a soma de fatores genéticos, de aspectos congênitos, de uma experiência infantil e de uma transgeracionalidade, além, é claro — e isto é de suma importância —, de uma influência cultural: quem vive na Rússia tem reações para criar defesas muito distintas de quem mora no Brasil.

Um passo adiante, à luz das ideias de Boadella

O caráter de um indivíduo não se forma só nos seus primeiros anos de vida. Nos dias atuais, falamos em tendência de caráter, conceito que cria uma noção de totalidade, do nascimento à morte, e é gerado ainda durante a vida uterina.

Assim como o caráter não se estrutura na relação entre a mãe e o bebê, mas bem antes disso, a tendência de caráter é genética, transgeracional, e seu lugar originário é no útero, onde ela se define e dá lugar às defesas a partir das feridas traumáticas ocorridas.

Que lugares são esses? Oral, anal e fálico? Não só, mas no *continuum* entre o nascer e o morrer, onde a encarnação da alma se desenvolve. Isto é, nessa viagem do guerreiro de que fala o psiquiatra e psicanalista suíço Carl Gustav Jung e durante a qual vão se estruturando as defesas.

Quem eu sou? Apenas um caráter oral? Não. A oralidade é que faz parte da minha totalidade.

Feridas traumáticas são situações que a vida externa traz ao sujeito: nutrição, suporte, proteção, limites são formulações das tendências de caráter construídas dentro do útero. Defesas são questões que esse sujeito coloca para fora, a maneira como o mundo interno se apresenta para a vida. Então, há uma polaridade entre umas e outras.

Fraturas ou fragmentações são estados caóticos do trauma, que surgem a partir de situações de rejeição, desconexão ou falta dessa relação tão íntima com a função materna. Mas se o ego tiver pelo menos uma parte mais integrada ou alguma defesa, o corpo se apoiará nele em vez de permanecer no trauma, em busca de encontrar prazer, e não de se sujeitar a essas fraturas.

Quanto à formulação de defesas, é importante dizer que é a mãe e o filho que formam, juntos, as tendências de caráter, quando ela própria recupera a sua história de vida para se relacionar com o seu bebê. Se ela também sofreu abandono, abuso ou foi maltratada, é o que lhe dará um repertório de vínculo para a sua relação com a criança.

Cabe ainda a essa mãe inserir o bebê na sua cultura: ritmo, mas também disponibilidade muscular, tônus — se ela pega o seu filho nos braços, o envolve ou rejeita —, tudo isso importa na construção da musculatura e de um funcionamento psíquico, que não é só biológico, mas transgeracional, uma vez que essa cultura e essa história já pertenciam à mãe.

Segundo o pediatra e psicanalista britânico Donald Winnicott, desde o início, o bebê nasce com um potencial para se integrar, mas ele só o fará se encontrar um ambiente facilitador. Por quê? Porque ele é instado por uma expressão biológica muito forte. Mas ainda que esse bebê comece a se estabelecer a partir do biológico, em paralelo, ele vai juntando suas necessidades psíquicas. Expressão biológica e psiquismo se somam, então, para fluir em um fluxo contínuo de vida entre o nascimento e a morte: o período da encarnação da alma.

O mérito de trabalhar as tendências de caráter está, portanto, em abordar esse conjunto de experiências que a mãe oferece ao bebê, no sentido de criar para ele sensos de continuidade, de construção e de unificação de si mesmo (um *self*). Esse conceito de si mesmo, a totalidade da tendência, se compõe do corpo físico acrescido do psiquismo e do pensamento e suas representações mentais: o conjunto de experiências vividas pela mãe, pela família e pelo bebê. Em outras palavras, a totalidade é o conjunto do ego mais o *self*. É esse *self*, e não o ego, que dá uma sensação de unidade. O ego pode ser fragmentado, a julgar pelo tipo de relação tão delicada que essa criança teve com a mãe. Ou pode ser um falso *self*: incapaz de gerar um mundo imaginativo, criativo, torna-se a construção de uma imagem falsa. É por tudo isso que, na psicoterapia corporal, se observa de muito perto a singularidade do sujeito.

Pessoalmente, quando entendi o conceito de tendência de caráter e de defesa formulado por Boadella, percebi que, no meu papel de psicoterapeuta, estava emprestando minhas vivências e meu ritmo ao paciente.

Mas tenho maternado de forma muito silenciosa. Conectada com o meu mundo interno, usando cada vez mais minhas memórias de maternagem para trabalhar o vínculo com o meu cliente. Esse silêncio interno, essa espera, a ausência de pressa e de atropelamento têm gerado sessões muito profundas e curadoras.

Nesse silêncio, encontro sinais de manifestação do inconsciente: são lapsos, isto é, *o fio mais solto* ou caminho que leva ao encontro entre a consciência e o inconsciente e representa a porta da frente da sessão de terapia. Esse encontro, diria Boadella, é o que permite acessar e entender os traumas, as feridas.

Nesse momento, o psicoterapeuta — assim como a mãe — deve encontrar uma forma de sair desse campo emocionalmente intenso que se estabelece entre ele e o seu cliente. Ao abandonar a profunda intimidade de um corpo a corpo com o seu bebê, a mãe (e da mesma forma, simbolicamente, o psicoterapeuta) o reconhece e constrói nele uma capacidade de também ser reconhecido. Além de estabelecer um distanciamento, o reconhecimento recíproco passa pela criação de um mundo imaginativo.

É que, no começo, o bebê não tem esse recurso; quando a mãe dele não está por perto, ele começa a alucinar, mas, aos poucos, ela vai construindo nele essa potência criativa interna que permite o distanciamento e lhe dá um grande senso de continuidade e constituição de si.

Nesse momento, as tendências de caráter já começaram a ser estabelecidas, assim como as questões de oralidade, de esquizoidia, de masoquismo. A criança precisa dar um senso de continuidade à vida — e isso é criatividade, potência energética. É como se, sem esse senso, se estabelecesse uma morte, que só pode ser evitada graças a um objeto transicional: a mãe acaba sendo representada, então, pelo seu cheiro, sua voz, sua forma de ser ou qualquer outro objeto que o bebê incorpora e corporifica para poder construir uma vida imaginativa própria e suportar esse distanciamento: é a saída da simbiose.

Durante esse processo, explica a psicanalista Vera Iaconelli, a criação do campo de emoções vai ganhando "camadas": primeiro, ele é real, depois simbólico e, por fim, um campo de formação de contato e de confiança básica, onde é possível vivenciar emoções profundas. Na prática psicoterápica, ir até o fundo do poço e voltar apoiando-se na autorregulação não é onipotência. É uma confiança muito grande na autorregulação que, para mim, se consolidou com os anos e hoje me permite tocar a dor e destiná-la a um outro lugar. Este é, a meu ver, o grande ensinamento que David Boadella nos deixou: o cuidado, o respeito, o acolhimento do outro passa pelo conceito de tendência de caráter e de defesa uterina, que rememora questões da relação mãe e filho, do desenvolvimento infantil e evidencia a chegada ao mundo adulto com todo esse repertório.

De Lowen a Boadella: uma abordagem atual

O conceito de caráter sofreu várias mudanças ao longo da prática clínica das psicoterapias corporais — sobretudo a partir da abordagem proposta por Boadella. Em resumo, o caráter não diz respeito apenas às defesas de sobrevivência, mas também às construções das necessidades do *self*, identificações e espelho, bem como à possibilidade de fazer um passo para o futuro na resiliência.

O *self* corresponde à imagem corporal e à formação da identidade. É o centro, mas também a circunferência completa que compreende ao mesmo tempo o consciente e o inconsciente. É o centro dessa totalidade, assim como o "eu" é o centro da consciência.

A partir de Reich, Lowen fez uma descrição abrangente dos caráteres. A partir da psicanálise, pude fazer uma leitura um pouco menos linear.

Em um primeiro momento, o caráter anal, oral, fálico e a questão do Édipo, estabelecidos a partir de uma linha que é a castração, representaram um esquema linear, no qual as defesas foram se estabelecendo durante a fase do desenvolvimento da libido.

A partir do fim da fase fálica, onde começam a castração, os limites e a tolerância à frustração, aparece o Édipo e termina o desenvolvimento da libido. Posteriormente, aos 7 anos, inicia-se a fase escolar e o período da moralidade social.

À luz dos ensinamentos de Lowen, segui com este esquema: a maneira como o indivíduo se defende no mundo, como o seu corpo pode, a partir de um trauma, sobreviver e se apresentar para o mundo, levando em conta que, se não houver um repertório de defesas de caráter, não há futuro. O indivíduo fica paralisado no trauma e ansioso, sujeito a profundas depressões. É por essa razão que as defesas são importantíssimas para qualquer projeto de futuro.

Uma das propostas de Boadella consiste em ultrapassar as questões triangulares edípicas pai-mãe-filho. A cada sessão, é preciso estar pronto para ir além da transferência, além do Édipo, em busca do amadurecimento do sujeito.

Quando a abordagem consiste em vincular as defesas ao desenvolvimento, o terapeuta fica preso a um esquema estanque. Mas existe outro olhar sobre os caráteres absolutamente transformador: em lugar de traduzir uma defesa, o caráter passa a traduzir uma função — algo de que Reich já falava. Desse ângulo, o caráter passa a desempenhar uma função, não uma defesa.

Minha leitura atual do esquema de caráteres inclui as funções caracteriológicas de cada fase, a análise do caráter e as camadas embrionárias, juntamente com o conceito de *pontes*. Pontes são ligações entre o mundo externo e o mundo interno, entre o corpo e psiquismo e entre as camadas "ação", "pensamento" e "sentimento": algo que modifica realmente as sinapses e permite superar o construto da imagem.

A fronteira que separa é também o ponto de encontro.

— David Boadella

III — Como eu faço?

Diversidade cultural
e caracterologia

O alemão expressa raiva com muita energia; enquanto o japonês não consegue manifestar a sua cólera, ela já atravessou várias etapas. Em Praga, na República Checa, se pode cantar, mas não falar de repressão política. Cada cultura constrói uma tendência de caráter própria. Corpos diferentes, cheiros distintos, sons diversos: a forma do corpo e sua ação no mundo são produzidas por ela. Rigidez, fluidez e sensualidade são expressões sempre muito peculiares, que dependem de história e de geografia local.

A cultura funciona como uma ancoragem muito firme do corpo, da expressão, da forma e da emoção. Negras africanas com as quais trabalhei são completamente diferentes das negras brasileiras: têm orgulho, senso de pertencimento a uma sociedade e uma cultura. Suas raízes não foram extirpadas e elas tampouco foram aculturadas.

Nesse sentido, seguindo o pensamento do médico Ricardo Rodrigues Teixeira, o trabalho com bioenergética sempre vai no sentido da saúde — o que é muito diferente de trabalhar com foco no conceito de sobrevivência. Noto que, em muitos países onde dou treinamento, a luta pela superação diante de conjunturas políticas e sociais específicas acabou afastando a população da dimensão da saúde, ou, melhor, daquilo que Wilhelm Reich denominou de energia vital ou força de vida.

A bioenergética é uma técnica que pode oferecer vários recursos para promover mudanças culturais — por exemplo, uma maior consciência corporal associada à saúde, para uma vida com mais leveza, maior conexão e enraizamento individual no mundo, bem como a possibilidade de ampliar potência e vitalidade. O conceito de *grounding*, o enraizamento que sustenta a minha realidade, é usado para isto: dar suporte e corporificar as emoções, permitindo que o indivíduo consiga entrar em contato com sua tristeza e depressão (postura do sujeito em pé). David Boadella foi além e elaborou o conceito de *grounding* interno, ou seja, o *grounding* na alma, um passo além do que é postura. A esse propósito, adquire todo o sentido o famoso questionamento do filósofo holandês Baruch de Spinoza: o que pode um corpo?

De acordo com Ricardo Rodrigues Teixeira, o alcance e a potência de um corpo dependem, essencialmente, da capacidade de compreender suas relações características, de modo a ampliar possibilidades de composição com outros corpos, bem como seu poder de afetar e ser afetado.

A produção de amor, a potência orgástica, o político, as diferentes dimensões do "estar no corpo" e "estar na alma", a coragem; o quanto mais livre, mais potente; a presença total de si. Criar ressonância, uma intimidade que acolhe e recolhe os afetos, ajusta e modifica o ambiente: estes são sinais verbais e não verbais no discurso do paciente/aluno aos quais dirijo toda a minha atenção. Pois ler o caráter, os gestos e as posturas corporais é de grande valia no trabalho terapêutico. E, muitas vezes, a tradução e a compreensão de todos os sentidos das palavras se tornam secundárias diante dessa leitura corporal.

Donald Winnicott afirmou: "Em nenhum campo cultural é possível ser original, exceto numa base de tradição". Esse conceito é importante no que se refere aos costumes enraizados em um país. Ele nos fala de ética e permeia a possibilidade do encontro e da emoção. Tanto o *trainer* assimila rapidamente as diferenças culturais quanto o aluno aprende a linguagem dele para que ambos produzam o encontro da unidade e da criatividade. Juntos, promovemos rupturas, como a pintura de um quadro numa tela branca, onde as cores e as formas vão surgindo até compor uma paisagem: *landscape*.

Para criar o campo psicoterapêutico, Boadella propõe três conceitos:

1. o contexto, isto é, a criação do campo em si, com polos positivos e negativos que se atraem;
2. a conexão, ou seja, presença, presentificação e uma atenção total do terapeuta para o seu cliente;
3. o contato, quer dizer, a construção do vínculo propriamente dito.

No fim, o quadro fica pronto e precisa ser emoldurado pelo *setting* que foi construído: já lecionei em espaços pequenos e até mesmo em porões, onde não havia nenhum material disponível para o trabalho corporal, a não ser a minha ressonância e o diálogo profundo com o grupo. Mas esses *settings* tão estranhos à rotina terapêutica não passam de desafios a ultrapassar.

No Brasil, o culto ao corpo e à eterna juventude, alimentado pela figura emblemática e atemporal da "garota de Ipanema", nos conduz por uma passarela superficial que pode desembocar nos labirintos das emoções mais profundas. À luz dos conceitos de bioenergética, é descarregando essa ansiedade que se constitui o corpo que vai se abrir para as emoções escondidas. A repressão e a resistência vão nos dar passagem e legitimar o não dito.

Mas outras culturas nos colocam frente a frente com corpos diferentes, muitas vezes contorcidos, retorcidos ou cheios de cicatrizes acumuladas em decorrência dos próprios dramas do país.

Por isso, aprendi que, ao viajar, é conveniente ir além da psicoterapia. Mergulhar na literatura, na poesia, na política, nos costumes e nos valores de outros povos é um exercício que permite expandir minhas próprias fronteiras. Ser tocada por culturas diferentes, no contato com o outro tão diverso de mim mesma; estar permeável ao sentir e aprender, durante incursões pelo mundo subjetivo de gente vivendo realidades distintas da minha; experimentar modos variados de pensar, viver, sofrer e gozar: isso me ajuda a desenvolver a criatividade para transmitir o pensamento e amplia minha visão de mundo. Definitivamente, a leitura profunda das diversidades corporais é o caminho que encontrei para selar a confiança, a colaboração, a livre expressão, o acolhimento e as trocas com meus semelhantes.

A compreensão do foco no processo terapêutico

Imersa numa sequência de mudanças nessa passagem da era tecnológica para a cibernética, a sociedade global impôs uma enorme transformação aos seus sistemas de valores, numa época em que realidade e ficção se misturam o tempo todo.

No livro *A estrutura das revoluções científicas*, o físico norte-americano Thomas S. Kuhn, que estudou história e filosofia da ciência, assinala o poder curador que tem para o indivíduo pertencer a uma comunidade maior e dela receber suporte. Na opinião dele, o novo paradigma em direção ao qual caminhamos é grupal, comunitário. Esse paradigma envolve mudanças em todos os âmbitos, mas atinge sobretudo o plano afetivo-emocional.

Nesse cenário de *analgesic society* em que vivemos, observamos um entorpecimento dos indivíduos, enredados no consumo de objetos, alimentos, drogas e emoções fabricadas e submetidos a uma conduta de conformidade. Esse processo desvia o ser humano do contato consigo mesmo. Assim, o campo terapêutico moderno se confronta com a contradição entre uma maior expressividade individual e a desvalorização dos sentimentos individuais performáticos. Felizmente, nos dias atuais, podemos examinar e dispor de uma enorme diversidade de experiências que compõem o campo clínico. Não alimentamos mais a ilusão de que uma única técnica possa desvendar patologias. Estamos atravessando uma mudança de paradigma do pensamento disciplinar único para a multidisciplinaridade. Essas características da prática clínica nos abrem uma gama rica e diversificada de intervenções: o processo psicoterapêutico do cliente cria um desenho, que compõe outro desenho, que por sua vez compõe outro ainda. Simultaneamente, aumenta a complexidade da tarefa do psicoterapeuta.

A constatação clínica é a de que, na maioria, os pacientes não chegam ao consultório abertos para qualquer tipo de investigação. Eles vêm com uma queixa mais ou menos circunscrita. Essa atitude está enraizada em um certo sintoma ou problema que, para eles, assume o caráter de um conflito a ser enfrentado.

Todo tratamento tem um foco, mas se pensarmos que o processo psicoterapêutico deve se desenrolar por um período preciso, curto ou longo — pois hoje em dia ninguém mais concebe terapias que se arrastam durante décadas, uma vez que o próprio conceito de tempo foi precificado (*time is money*) —, a proposta de se concentrar na investigação da queixa ganha relevância ainda maior: o processo de focalização será, ao final da terapia, um parâmetro crucial para avaliar seus resultados.

O que é focar?

Vamos recorrer à definição do psicanalista argentino Hector Fiorini:

> Com uma lente biconvexa, fazer o foco é obter uma imagem nítida de um ponto onde convergem os feixes luminosos, que se chama precisamente de ponto focal. O foco é, portanto, um lugar onde se concentra a luz. Neste sentido, focar (ou focalizar) significa concentrar a luz em um ponto ou zona.

O estabelecimento do foco norteia o caminho, cria o *fio vermelho*.

Segundo Fiorini, o encontro psicoterápico é muitas vezes um conflito entre duas visões de mundo, duas cosmovisões totalmente diferentes. Esta é a primeira situação que cliente e terapeuta enfrentam: o embate de duas culturas, quer dizer, de duas formas de habitar e estar no mundo. As duas culturas são *groundings* de vida: é nelas que os indivíduos se organizam.

É preciso respeitar e levar em conta essas diferenças, porque as relações são permeadas pela questão do poder: quem exerce o poder, como o faz e em que circunstâncias? A relação entre terapeuta e cliente não é exceção ao caso.

É também preciso considerar que a relação terapêutica no contexto das Américas é permeada pela influência de duas culturas absolutamente diversas, a europeia e a indígena. Nós, latino-americanos, espelhamos em maior ou menor grau o choque dessas duas culturas. Nosso inconsciente contém igualmente a cultura europeia, do dominador — que é a cultura do *ter* —, e a cultura indígena, do dominado

— que é a cultura do *ser*. Diante desse embate, é preciso cuidar para não desqualificar a autoridade do paciente sobre o saber que ele tem de si mesmo.

Assim, o primeiro momento da terapia focada será justamente a negociação do foco, quer dizer, o ponto de convergência sobre o qual cliente e terapeuta, juntos, decidem jogar a luz, concentrar a investigação, realizar o trabalho psicoterápico.

Nesse sentido, mais do que um aliado no estabelecimento do foco, o cliente tem participação ativa nessa escolha. Essa negociação cria uma aliança terapêutica, que tem lugar entre a visão do paciente sobre si e a do terapeuta. É como se o cliente dissesse "A", o terapeuta pensasse "B" e, portanto, o que deve ser negociado como aliança é o espaço "AB".

As duas cosmovisões em confronto têm seu lugar de encontro no horizonte simbólico, que é esse espaço "AB". Curiosamente, o sentido etimológico da palavra "símbolo" é encontro. E o encontro se dá através da simpatia, da empatia, para estabelecer e consolidar uma ressonância.

Tentamos encontrar na sabedoria dos nossos indígenas uma trilha que inspire o trabalho psicoterápico a buscar essa troca de almas entre cosmovisões tão diversas. É assim que entendo o primeiro diálogo e a negociação do foco.

Essa negociação nos remete naturalmente à questão da democracia, que implica reconhecer a diversidade e respeitar as diferenças. Para isso, é preciso que tanto o terapeuta quanto o cliente estejam enraizados no foco, num diálogo constante entre essência e realidade, trabalhando os valores e as crenças.

A partir do estabelecimento do foco pelo terapeuta e o cliente, fazemos uma espécie de mapeamento de todas as situações em que o foco se encontra na vida do sujeito. Se for uma fobia, por exemplo, ele abre vários mapas na vida do cliente. Caberá ao terapeuta fazer o que Boadella chama de *pontes* entre a emoção e suas formas de expressão, para encontrar as raízes dessa situação na vida do cliente. Tal investigação tem caráter existencial.

O processo de eleição e escolha de temas a serem tratados partindo do foco permanece ao longo de toda a terapia. Por exemplo, considerando que toda configuração vincular é complexa, terapeuta e cliente elegem quais vínculos devem ser trabalhados por sua importância, levando em conta que há variações de nível. No caso da fobia, por exemplo, o cliente pode experimentar o medo, o pânico e até o terror. A escolha se faz a partir de zonas de vibração energética mais intensas, que evidentemente têm que ver com a carga emocional.

As limitações do trabalho terapêutico são significativas, na medida em que o processo psicoterapêutico se vê permanentemente orientado por sucessivas clivagens — a começar pelo próprio foco —, passando pela delimitação da zona de vibração, pelas pontes com as situações, configurações vinculares e escolhas. Isto é, trata-se de um processo vivo e em constante transformação.

Depois de criar uma ressonância entre cliente e terapeuta e assumir a democratização do poder, penso que um passo importante e uma das metas a serem alcançadas no final de uma terapia focada é estabelecer um aprendizado de escolha e respeito do cliente por suas próprias decisões. Afinal, como diz o psicoterapeuta corporal Alberto Pesso, um dos criadores da terapia Pesso-Boyden (PBSP), "a decisão de continuar a vida é o único processo de liberdade que pode existir".

Sonho, corpo
e desejo

Sonhos são profecias? Vestígios de medos e crenças ancestrais? Curas?

Os sonhos devem ser usados na terapia para entender experiências verbais reais e, energeticamente, como meio de ajudar o paciente a dissipar tensões físicas que interrompem o fluxo de vida no organismo. Essas tensões, crônicas ou não, profundas ou superficiais, decorrem de processos fisiológicos — fome, sede, sexo — ou da contenção do movimento espontâneo, necessário para a sobrevivência do ego.

Quando dormimos, o corpo entra em baixa posição de energia. Esta, por sua vez, leva o organismo ao relaxamento e ao estado psicológico que permitem sonhar. No estado de relaxamento, as tensões ainda permanecem armazenadas, mas a musculatura, que estava rígida e contraída durante a vigília, se deixa ir. É nesse momento, segundo Freud, que aparece o conteúdo latente. Assim, o corpo é o lugar do objeto do sonho, ou o sonho em si é um tipo particular de objeto — o que Boadella chama de útero da noite.

Durante o sonho, o abdome se move suavemente, o peito inflado baixa. Quando a energia se desloca da área de conflito, o que estava preso na musculatura aparece no sonho em forma de símbolos. Em boa parte, todos os sonhos se assentam nas impressões deixadas pelos acontecimentos infantis: são retratos da dinâmica energética do sonhador. São igualmente representações oníricas das tensões do dia a dia, resíduos diurnos e conteúdo da memória corporal (ou o útero do dia).

Os sonhos são muito diferentes de material onírico. Onírico é um estado alterado de consciência que acontece na vigília — o lugar da fantasia acordado — e está relacionado ao mundo dos sonhos. Há o objeto da investigação do sonho e o sentido dele. Seu relato vem muitas vezes distorcido pela própria interpretação.

Quando desvendamos o material onírico, entendemos o padrão bioenergético do corpo: os símbolos dos sonhos permitem localizar os bloqueios corporais e as peculiaridades caracteriológicas, uma vez que eles podem ser considerados uma amplificação da dinâmica do corpo e da personalidade. Assim, o sonho se oferece como um espelho do inconsciente: nossa imagem ali refletida. Ao recompor o espelho, é possível observar o corpo e perceber as peças que provavelmente faltam nessa montagem.

Para acessar a interpretação do sonho, trabalhamos com fantasias, imagens e com o corpo (sonho corporificado).

Assim, nos *workshops* abertos, exploro aspectos que podem ir dos sonhos a uma análise do caráter, transferências ou campos motores. Geralmente, crio exercícios trabalhando com luzes, lanternas, figuras, cartões, desenhos e máscaras. A *caixa do sonho* é um quebra-cabeça que se apresenta com a complexidade do material onírico. O objetivo é montar esse *puzzle* até chegar à compreensão do sonho.

Para iniciar o grupo no tema que vamos explorar, proponho um exercício de meditação. Exemplo: trabalhar com a respiração ("Eu inspiro você, eu expiro você e encontro a mim mesmo"). Consiste em fechar os olhos e trazer para a respiração toda a intenção do encontro. Desta forma, os alunos podem se relacionar sem se olhar, apenas meditando e se preparando para a complexidade da interpretação do sonho.

Quando o grupo está demasiadamente voltado para dentro de si, trabalho com desenhos do sonho, que podem ser reais, simbólicos ou mitológicos. Ou com silêncios.

Exemplo: os japoneses. Eles são muito responsivos às minhas propostas; rompemos couraças, eles adoram gritar, bater o pé, dizer não, apreciam esse rompimento cultural, mas as primeiras defesas são difíceis de vencer, por isso talvez seja sempre proveitoso poupar a palavra num primeiro momento.

Um exemplo clínico: minha cliente relata dois momentos de um mesmo sonho. No primeiro, ela vê uma mulher alta, exuberante, expondo os genitais em público. Seu marido presencia a cena com naturalidade, para a surpresa dela. Na cena seguinte, ela vê esse mesmo homem — um domador de leões — ao lado de um felino de joelhos. Sentada na frente de ambos, ela observa com um misto de admiração, temor e reserva o domador afagando vigorosamente a juba do leão, enquanto faz perguntas triviais sobre o crescimento do animal.

Perguntei à minha cliente em que lugar do corpo dela estaria o leão.

— Nas vísceras — respondeu.

Pedi-lhe então que reproduzisse os movimentos do leão a partir das suas próprias vísceras e ela rugiu, fazendo movimentos com a mão de baixo para cima e para fora.

Que parte do corpo seria o domador?

— A coluna vertebral.

Pedi-lhe que se levantasse, fazendo a relação com a primeira cena da mulher expondo os genitais: a associação foi imediata, remetendo diretamente à manifestação da sua sexualidade.

O material onírico corporificado desvenda significados, explicita desejos. Para aprofundar a reflexão sobre os sonhos, remeto a um conceito de Freud: diz ele que o sonho foi o corpo materno deslocado, que cometeu incesto com o corpo dos seus sonhos, penetrou no seu segredo e se tornou conquistador e dono da terra incógnita.

O trabalho dirigido com fantasias é, portanto, utilizado para levar o cliente e entrar no estado onírico.

Freud dá o nome de *sonho diurno* a um enredo imaginado no estado de vigília, sublinhando assim a analogia entre o devaneio e o sonho. Os sonhos diurnos constituem, como o sonho noturno, realizações de desejo; os seus mecanismos de formação são idênticos, com predomínio da elaboração secundária. Como referência, podemos lembrar do *teatro particular*[17] de Anna O. O sonho diurno nem sempre é consciente. O trabalho com fantasias ou imagens é importante, entre outras coisas, porque pode levar ao material onírico.

A interpretação do sonho é uma articulação entre o eu que é relatado e a observação do modo como o organismo se move, respira e flui no momento do relato.

Como podemos trabalhar sonhos?

Fique a sós consigo mesmo. Respire profundamente. Deixe que as imagens e memórias dos eventos circulem.

Sem se envolver, observe os seus diálogos internos. Relaxe a atividade mental sem dormir.

Massageie a cabeça, o pescoço e em volta dos olhos. Traga sua atenção para a área do coração.

O sonho mostra que algo precisa de atenção, de compreensão e mudança. Ele fala com você.

O que chamamos de *realidade* é como uma miragem num espelho.

Nossa experiência diária é como um sonho. Segundo Boadella, o trabalho com o sonho pode ser analisado com base em três etapas:

1. No útero da noite (produção do sonho). O sonho em si. O processo do sonho, o setor reservado do sistema psíquico. A expressão da realização do desejo, o sonho como expressão da criação do inconsciente.
2. Fora do útero da noite (escrever no caderno). O relato do sonho, o material onírico, por associação de ideias. A biografia do sonho, quando é colocado no contexto atual.
3. No útero do dia (o trabalho de interpretação). A percepção da vigília; a emoção lembrada no sonho. A associação de ideias. Os restos diurnos (observação do corpo, da respiração e do fluxo). O estranho, o tornar consciente. O lugar do visível; o olhar futuro.

Transferência e contratransferência

Um paciente só pode desenvolver as atitudes positivas necessárias ao processo terapêutico pela identificação com o terapeuta e somente na medida em que essas mesmas atitudes positivas são internalizadas no profissional. Em outras palavras, no encontro entre eles, o terapeuta é quem convida para uma relação adulta e é o olhar dele que dá embasamento para a transformação do paciente.

O encontro entre ambos é o momento privilegiado em que o paciente se sente subitamente arrancado de si mesmo; sua consciência muda e se desprende em pura transferência.

A transferência é um jogo de bola, a música da relação entre ambos. Trata-se da projeção inconsciente de características de pessoas relevantes para o cliente, que ele atribui ao terapeuta; é o momento da regressão dos fragmentos da história infantil.

A contratransferência é essa mesma projeção inconsciente de características, só que gerada pelo terapeuta em relação ao cliente. O terapeuta recria "o outro lado" do seu cliente e se torna porta-voz das suas emoções.

O lado obscuro da contratransferência é a incapacidade do terapeuta de tratar de modo apropriado os aspectos do paciente que coincidem com os seus próprios problemas. De modo geral, o profissional toma um tempo da sua atenção flutuante até poder dar vazão à contratransferência. Entretanto, ele deve ter habilidade para sustentar os sentimentos negativos que afloram, para não haver colisão de caráter.

A partir dos papéis idealizados do terapeuta — médico, guru, gênio, salvador —, é possível dizer que ele tem a capacidade de tocar seu cliente. O problema é saber se a recíproca é verdadeira: entre as estruturas de ego que desencadeiam as situações mais temidas estão a imaturidade, as fobias, a obsessão e a compulsão.

Penso que é preciso desmistificar a si mesmo como terapeuta, desfazendo a ilusão da superioridade associada ao *status* de médico/cientista. Não é verdade que o terapeuta sabe mais que o cliente (terapeuta narcisista), uma vez que ele se constitui nessa relação de grande aprendizagem com a história do seu cliente.

Em lugar disso, vislumbro *o ser verdadeiro*, de alma feminina, intuitivo, sensível, imaginativo, que fala com o coração e busca a sintonia do afeto (empatia).

Um ego heroico, diferentemente do ego patriarcal, buscará o equilíbrio entre o masculino e o feminino, o interno e o externo; sustentará o holístico, e não o dualismo, e estará aberto para o modelo de terapia imposto pelo paciente, projetando o espelho interno de sua afinidade com ele, caso esteja aberto e compassivo. Ele poderá então convidá-lo para o "espaço privado do segredo" (o consultório), onde vai batizar e nomear as suas necessidades e fazer a leitura da organização dos seus desejos. Esse é o propósito de ser terapeuta e da terapia.

A neurose é resultado de uma relação primária confusa, e, para ser profundamente eficaz na mudança desse primeiro distúrbio, a terapia precisa criar uma nova relação. As qualidades dessa relação conturbada se associam para produzir um padrão de interferência no ritmo pessoal. A neurose é, portanto, o efeito desse padrão de interferência.

A relação terapêutica precisa interferir nessa interferência, de maneira a criar ressonância — forma não verbal de comunicação entre o terapeuta e seu cliente, pela qual o profissional entra em empatia com seu cliente sentindo no seu corpo as mesmas emoções que transmite o cliente — com o ritmo primário de crescimento.

A biossíntese de David Boadella prevê três modelos de interação dos quais o terapeuta pode lançar mão: a invasão, a deprivação e o diálogo.

O invasor é aquele que penetra o paciente, deixando de ser terapeuta para se tornar violador. Isso se dá através de interpretações que atingem o inconsciente (por caminhos que Reich condenava em 1933) ou sendo invasivo ao usar técnicas corporais de pressão, para forçar uma resposta e esmagar a resistência do cliente. Nesse caso, a invasão resulta em desencorajamento: lentamente, o cliente deixa de ter confiança no seu próprio processo de crescimento.

A deprivação se dá quando o terapeuta tolhe seu cliente dos alimentos básicos de que precisa para crescer. O terapeuta corporal que nega experiências verbais ao seu paciente, ou o terapeuta verbal que não tem uma compreensão do corpo, pode privar o paciente de experiências sinestésicas. O medo de invadir pode levar à deprivação. O medo de privar pode levar à invasão. Entre esses dois modos distorcidos de relação, existe o diálogo. Ele pode ser verbal ou não verbal. O terapeuta aberto ao diálogo aprenderá com o seu paciente, assim como ensinará. Haverá uma maior interação dinâmica entre eles, baseada em uma comunicação aberta e um processo de desenvolvimento mútuo.

Diálogo é um tipo de contato que cria ressonância com o paciente. É como uma prancha de som, que pode ser usada para avaliar a propriedade de qualquer técnica empregada no consultório. A relação terapêutica é mais importante; as técnicas têm importância secundária.

O terapeuta pode ser impessoal ou pessoal. O primeiro busca ser objetivo, mantém seus sentimentos escondidos, permanece como uma tela vazia ou pratica uma técnica específica. O terapeuta exageradamente pessoal é subjetivo, estabelece uma relação simbiótica com o paciente, deixa transparecer seus desejos pessoais na sessão e é incapaz de lidar com a transferência e com a contratransferência.

Entre esses dois extremos, há lugar para uma troca de emoções profundas, de maneira cálida e humana. Em biossíntese, o corpo do terapeuta é uma ferramenta de fundamental importância. É esse corpo que entrará em ressonância com as mais sutis tensões e estados emocionais do paciente. A esse processo, Reich dava o nome de "identificação vegetativa": isso significa sentir no próprio corpo o esforço do paciente, seu ritmo e sua qualidade de pulsação.

O corpo do terapeuta é uma ferramenta também em outro sentido: interação corpo a corpo é uma das formas mais poderosas de aprender novos padrões de crescimento. Isso inclui o uso das mãos no toque. Entretanto, o terapeuta em biossíntese usará muitas vezes outras partes do seu corpo, como os pés, as costas e a cabeça, para ajudar o cliente a explorar novos caminhos para o movimento. Assim, em alguns casos, o terapeuta se torna um "dançarino de contato": guia o paciente para uma nova experimentação de suas raízes corporais. A terapia é, então, uma forma de orientação de contato.

Obviamente, transferência e contratransferência com o uso do toque são técnicas poderosas, e o terapeuta precisa ter realizado muitos trabalhos pessoais antes de estar pronto para participar dessa forma de diálogo somático de maneira responsável.

A importância da leitura corporal

A leitura clínica do corpo requer uma observação muito acurada para tentar entendê-lo e direcionar o trabalho. É esse olhar que permite desvendar a organização do desejo do outro no corpo, com seus eventuais colapsos, afundamento de peito ou dificuldades para sustentar a respiração. Todas essas cicatrizes corporais, a forma como o paciente está com o seu corpo, seu *shape* corporal[14], constituem o alfabeto que conta a sua história.

Vamos pegar o exemplo do sujeito que esbarra em alguma coisa e se machuca toda vez que estende o braço. Isso acontece com tal frequência que, com o tempo, seu corpo entende que não deve mais fazer essa extensão de braço para não sentir dor. Em oposição a essa extensão, a reação é de encolhimento. Assim, todas as questões de motricidade, que são muitas, sugerem uma polaridade. Estar encolhido supõe uma defesa contra algo. Para entender esse movimento, é preciso investigar o mundo subjetivo, por meio da fala e das manifestações de angústia, que são os modos como o corpo traz à tona a subjetividade.

As feridas do passado, alojadas em algum traço escondido no corpo, se manifestam nos pontos de maior fragilidade e ausência de tônus. Se a respiração flui ou não, se o pescoço está projetado para a frente, se o corpo foi esticado, se foi para trás ou para um lado ou outro: todas essas defesas constituem uma forma corporal que traz à tona a biografia do sujeito.

Feito isso, em função do lugar onde ficou ancorado o trauma corporal, tenho então a possibilidade de pensar em questões anais ou de oralidade, e consigo fechar um diagnóstico caracterológico prévio, que me permitirá trabalhar a fundo a leitura do corpo.

A maneira como a transferência e a contratransferência vão se dando me permite tocar o paciente e saber se posso convidá-lo para um exercício de respiração mais profunda ou algum tipo de movimento espontâneo ou dirigido, sem cortar o fluxo emocional e provocar uma retração da parte dele.

Nesse momento clínico, a presença única ou presença dupla que está se formando sustenta a corporificação das emoções. É quando movimentos novos vão surgindo em meio a uma relação fortemente sincronizada (presentificação). De seu lado, o paciente tem de estar com o coração aberto para acolher os movimentos que proponho, enquanto, do meu, eu também preciso estar em sincronia com esse contato de profunda ressonância.

Enquanto faço a leitura do corpo, lanço mão de aspectos teóricos para orientar a investigação: os ensinamentos de Reich, Lowen e Boadella lançam luz sobre esse decifrar do caráter, do fluxo energético, das camadas, do ritmo do processo, e assim vou me introduzindo com muita delicadeza por uma fresta que abre a possibilidade de criar um novo movimento, um exercício conjunto.

Essa leitura tem como objetivo evidenciar os modos de subjetivação que o corpo assume, e para onde ele leva o seu sujeito interno. Eu não posso permanecer numa interpretação corporal superficial. Precisamos entender como aquele corpo foi se formando, se defendendo, se organizando para chegar até aqui. Em outras palavras, o que se busca é apreender que saberes esse corpo usou para sobreviver a questões traumáticas e como ele foi se modelando em função das feridas que carrega, onde é encolhido, onde ficou muito expandido.

Não devemos esquecer que, além de se formar no útero, esse corpo sofreu fortes influências da cultura do pai, da mãe, de cada família, e criou defesas ao longo da vida diante dos traumas que sofreu. Ou seja, ele faz uma construção de si no seio dessas relações, muito primitivas inicialmente, e depois mais amplas.

Essa construção é um *continuum* e, essencialmente, uma autorregulação do sistema nervoso de luta e fuga, que vai modelando tanto o mundo subjetivo quanto o físico do indivíduo, ao longo dessa "jornada do herói" de que fala Carl Gustav Jung.

Até mesmo doenças físicas podem ser entendidas como uma oportunidade de modelagem de que o corpo precisa para seguir em direção ao futuro. Essas partes de nós mesmos que "não funcionam" — paralisias energéticas que Reich chamou de *estases* — podem ser uma pelve congelada, um diafragma ou um pescoço congelado. É nesses locais que trabalhamos, drenando reservas de energia de outras partes do corpo para restabelecer o fluxo por meio de movimentos específicos nos campos motores.

Para David Boadella, campos motores são modelos de fluxo da alma. A definição foi elaborada a partir de antigos conceitos de Jean Piaget, nas suas pesquisas sobre esquemas corporais e esquemas sensório-motores. O campo motor é constituído pelos movimentos espontâneos acrescidos do campo psicológico, ou seja, o ambiente com todas as suas formas sociais e mais a maneira como é percebido.

É preciso lembrar sempre que os movimentos corporais já ocorrem durante a formação do feto no útero da mãe: é quando ele se expande, se contrai, roda sobre si mesmo etc. Assim, a maneira como acontecem na vida adulta sugere como eles se davam na vida intrauterina.

Cada um deles tem seu polar, o que vai permitir o trabalho clínico: flexão/extensão, tração/oposição, rotação/canalização, ativação/absorção.

A mobilidade de cada paciente constitui um grande recurso para a psicoterapia corporal, na medida em que ajuda a desvendar quais movimentos fazem sentido no seu mundo interno, tanto no psicológico quanto no físico, e também na sua musculatura, abrindo a perspectiva de tirá-lo da neurose.

Um indivíduo que não tem rotação pode sugerir, por exemplo, que foi um feto vivendo em um útero apertado, que o comprimia. Flexões muito importantes supõem extensão, assim como rotações significativas denotam que o paciente teve provavelmente de desviar de conflitos contínuos: o movimento polar seria uma canalização.

Da mesma forma, se a pessoa é muito obsessiva e canalizada, todo o seu funcionamento está voltado para dentro. Nesse caso, talvez seja interessante trabalhar com uma expansão ou com uma rotação para criar movimentos mais delicados e abertos.

Se o paciente está muito fletido, não posso pedir para que faça uma extensão, porque ele não vai aguentar. Nem sempre uma pessoa estendida dentro da histeria vai para a flexão. Meditar não é uma coisa boa para ela. Dentro das esquizoidias, expandir, ter uma extensão, assusta. Pessoas que têm agorafobia — transtorno de ansiedade que inclui o medo de lugares e situações que causam sensação de pânico, aprisionamento, impotência ou constrangimento — precisam trabalhar a canalização. Então, devo iniciar talvez com uma meditação para que possam se aquietar.

É nessa teia de polaridades que a leitura corporal vai desemaranhando as feridas do passado para resgatar o indivíduo do trauma.

Uma bússola para orientar a história de um corpo

A leitura corporal é um processo dialético entre a prática e a teoria. É "a cozinha da interpretação", segundo Emilio Rodrigué, processo durante o qual o terapeuta observa a forma do corpo do seu cliente, a postura, o tônus e só depois começa a tocar onde precisa.

Quando se lê um sistema de defesas, se observa o fluxo corporal, isto é, se vê como o indivíduo foi construindo o seu corpo e montando suas defesas contra o trauma. Exemplos: se esse corpo foi se alongando ou se retraindo, se se alargou na região da bacia, como nos casos de masoquismo, em que o indivíduo se contém energeticamente e vai avolumando o quadril, ou se ele tem um peito congelado, que pede que se trabalhe uma respiração mais profunda.

Também se observa se esse corpo tem estases (paralisias) e se está com fraturas energéticas para poder restabelecer o fluxo e reverter o congelamento dessas áreas. É a partir do toque e da respiração profunda que se restabelece um fluxo de energia. O toque pode ser feito pelo terapeuta, desde que seu cliente não evite o contato físico. Nesse caso, é preciso desvendar a transferência negativa antes de iniciar o trabalho.

Às vezes, o terapeuta tem um toque invasivo. Por isso, é indispensável entender se o cliente está receptivo a esse contato ou se ele vai lhe parecer violento, intrusivo ou abusivo. Para isso, se faz a leitura da transferência e da contratransferência: é ela que evitará criar ainda mais resistências. Caso o cliente esteja fortemente avesso ao contato físico, é melhor orientá-lo a se tocar ele próprio.

Leitura corporal I

Instrumentos para a leitura da história do corpo

Leitura de corpo

Ecro:
Freud, Reich, Lowen, Boadella

Leitura da organização
do desejo do outro

Corpo energético

Diagnóstico

Caráter e fluxo energético
Camadas embriológicas

Transferência → Ritmo do processo

Contratransferência → Eco do cliente

Momento clínico → Exercícios: respiração
Grounding: vibração

Sincronicidade → Momento da intuição
no aqui e no agora

Contato e presença → Empatia – Moção para
os sentimentos no ato
(aqui e agora)

Liane Zink

A composição de
uma paisagem de si

Falar de *landscape* é falar da poesia de David Boadella, que identificou na abertura do coração o fluxo da energia vital. Para ele, trabalhar com polaridades permite construir pontes de equilíbrio ao longo de um processo terapêutico que não é instantâneo, mas o efeito de ressonâncias estratégicas entre o terapeuta e o seu cliente.

Delinear um *landscape* é como traçar a paisagem de uma vida, é como fazer uma pintura de si. Esse trabalho se dá a partir de um campo virtual, imaginário, formado durante o trabalho clínico, e visa localizar sensações e sentimentos que atravessam a história, o social, os espaços dentro e fora do indivíduo e os bloqueios que impedem transformações.

Nesse *continuum* de elaboração do *landscape*, vamos formando histórias, como se fossem tirinhas de histórias em quadrinhos ou estrofes de um poema, primeiro uma, depois outra, e aí a transformação corporal vai acontecendo e os *insights* vão surgindo.

A arquitetura de uma existência se constitui desde o nascimento e oferece a possibilidade de encontrar um lugar seguro, e único, no desenvolvimento da própria história. A elaboração dos afetos, bem como as percepções das dores e alegrias que surgem durante a construção de um *landscape*, não só ajudam a contemplar a si mesmo como a um quadro, como também dão vida a essa paisagem, desencadeando uma atividade motora consciente, que é um movimento de entrada na vida.

A elaboração do *landscape* tem a mesma descrição e intensidade da curva orgástica reichiana: começamos pelas sensações que emergem do delineamento da paisagem e criamos um foco energético de memórias e lembranças, que desencadeia as associações de ideias. O pico desse processo é quando o corpo treme, o choro irrompe e surge o lapso do inconsciente. Isso integra descarga energética e expressão emocional. Depois vêm o silêncio e a vinculação com o mundo interno.

No vínculo entre terapeuta e cliente, cria-se o contato que aprofunda o centramento, a focalização, a conexão, a criação de representações e a organização do mundo interno. Em outras palavras, é a elaboração dos afetos, das percepções das dores e alegrias que aparecem na paisagem.

Nesse encontro direto com a nossa história, passado e presente se articulam no aqui e agora, permitindo um entendimento da psicodinâmica das múltiplas cenas que acontecem na vida e uma regressão para progredir — ou, ao contrário, uma progressão para regredir.

O *landscape* tem início com a preparação da tela e das tintas, e parte do que é conhecido para chegar ao desconhecido. O processo se realiza com auxílio dos objetos em volta na sala, cada qual representando elementos do mundo interno do indivíduo. Esses objetos são uma terceira presença, muito importante na pintura desse quadro. Podem ser uma bolsa, uma luminária, uma cadeira. Com eles vamos alinhavando uma compreensão do curso da história.

Por exemplo, o colchão da sala de terapia pode representar a figura materna. O cliente terá de fazer essa travessia, pois esse personagem é sempre um divisor de águas, e depois olhar para trás e daí seguir adiante.

O grande objetivo do *landscape*, na clínica, é promover a transformação — isto é, restabelecer a pulsão de vida do indivíduo, que, segundo Freud, se origina no corpo.

Trata-se de um trabalho de profunda observação, no qual entra a história individual, mas também a leitura corporal, o gesto, a compreensão de um sistema social onde essa história está inserida e a singularidade de cada um.

Na clínica, faço uma leitura dos macro e dos micromovimentos, e à medida que o *landscape* vai se delineando, trabalho com o cliente a sua respiração, o tônus do seu corpo, a mudança da forma corporal a partir das fraturas corporais existentes e a compreensão da história dele. O *landscape* permite ainda lançar luz sobre a existência de um corpo familiar e genético, uma vez que família também é um espaço interno pessoal.

O *landscape* tem outra função na clínica, a de preparar para os exercícios de confiança. Eles visam estabelecer o fluxo energético, tornar o movimento livre e permitir o relaxamento físico pulsatório, e são absolutamente indispensáveis: para que o cliente faça uma leitura interessante da sua história de vida, é preciso que ele se sinta seguro com o seu terapeuta. Caso contrário, como poderia se mostrar, se abrir para o toque? Então, esse é um espaço de muita criação de confiança básica — que, em biossíntese, é a profunda convicção que o bebê tem de que vai sobreviver no braço da mãe, na presença dela e graças ao olhar dela.

A leitura corporal é um processo dialético entre a prática e a teoria, nos diz Emilio Rodrigué. Durante esse processo criativo, a leitura do psicoterapeuta revela uma singularidade específica que pode parecer difícil de transmitir, calcada na experiência de como, onde, quando e por que se chegou a essas formas de leitura.

Ao centrarmos a luz no cliente em suas múltiplas dimensões, fazemos uma leitura:

- do caráter (sistema de defesa);
- do fluxo (forma do corpo);
- do toque (transferência e contratransferência);
- do nível de confiança;
- da ressonância entre o cliente e o terapeuta;
- dos macro e micromovimentos;
- do sentido da energia, da cor, da respiração, da tonicidade;
- das fraturas corporais (cisões energéticas);
- do corpo familiar (genética).

Música como ferramenta de trabalho

Trabalho essencialmente com grupos. Para isso, costumo adaptar recursos variados às necessidades dos alunos e à progressão das aulas. Eles atendem a um estilo e uma técnica pessoais, que chamei de *BioZink*.

Em qualquer país ou cultura, é possível fazer uso da música — um dos instrumentos mais eficazes, pois o trabalho de mobilização ritmada é fundamental para a mente e o corpo.

Escolho as melodias de acordo com os meus objetivos: se quero amplificar o sistema energético, gerar mais energia, ou diminuí-la, fazer campos de rotação ou de canalização. Para soltar a pelve, por exemplo, eu ponho um samba ou uma música russa.

Um dos grandes exercícios que eu gosto de propor em qualquer parte do mundo é a dança butô, de Kazuo Ohno, na qual eu mesma fui treinada. Essa "dança da alma", que estimula a espontaneidade, foi denominada por Silvia Boadella "o grande exercício da biossíntese". Consiste em fechar os olhos, seguir o ritmo da música e deixar emergir o seu personagem interno.

Antes de começar o exercício, eu distribuo uma pintura de rosto branca, dessas de palhaço, para que os alunos possam se pintar, imaginando que estão tirando a máscara. Isso permite que enxerguem melhor os personagens internos que estão escondidos por trás dela. Faço isso porque senti que, tirando a máscara, eles se soltam muito mais.

O ritual consiste em ir pintando o rosto de branco enquanto se faz a dança da alma, até "tirar a máscara" — isto é, acompanhar o ritmo com toda a espontaneidade possível, para deixar aparecer o que tem por trás, o "eu social" encoberto pelo caráter. As consequências são incríveis: manifestações que parecem não ser da encarnação atual, falas transgeracionais, cantos ancestrais.

Eu também uso uma música do cancioneiro judaico, tocada por cítaras, que desorganiza o conhecido do indivíduo, seu ego, sua consciência, e o desvia daquele lugar onde sempre esteve. Da mesma forma, um forró pode levar a um lugar desconhecido, assim como os *drums* japoneses estimulam o *grounding*, quando se bate o pé no chão para acompanhar o batuque dos tambores. De modo geral, músicas diferentes desorganizam o indivíduo, assim como o ritmo brasileiro causa estranhamento na Rússia e vice-versa.

Também dou preferência aos 5Ritmos de Gabrielle Roth, uma prática dinâmica de movimento que desperta criatividade e conexão. Embora seja um processo aparentemente simples, o exercício baseado nos 5Ritmos permite infinitas explorações profundas, para além das limitações e do isolamento de quem dança.

Essa melodia envolve todas as partes do corpo, da cabeça até os pés, passando por cada articulação. É uma espécie de leitura corporal que promove o contato com o próprio corpo e o seu movimento. Após uma consciencialização corporal, a música atravessa vários estágios — o *stacatto*, o *presto*, o *adagio* — e tem uma parte central que retrata o caos, como "algo de se perder a cabeça", que acaba por desaguar aos poucos numa melodia mais calma, terminando com uma meditação de monges. Este trabalho com os 5Ritmos tem como objetivo traçar um percurso em busca do ritmo interno. Para tanto, é importante manter os olhos fechados. O foco não está no exterior (no outro), mas no interior (*self*). Desse modo, quem dança alcança uma curva orgástica: começa pela sensibilização, atinge um pico de intensidade (momento do caos) e, por fim, aterrissa na harmonização. Simbolicamente, atravessa várias etapas da vida, da fragilidade à força. Esse movimento completo é trabalhado simultaneamente com a respiração, outro recurso muito importante.

Além dos 5Ritmos, também gosto muito de trabalhar com outra melodia israelita que reúne vários ritmos: se o grupo tem oscilações energéticas, o ritmo muda e a melodia se amolda a essa nova situação. Essa dinâmica música-grupo é muito importante para mim, pois aprendi a ler bastante bem o sistema energético do grupo, quando ele reflete uma necessidade de acompanhamento musical específica. Na verdade, não é a música que conduz, é o grupo que me aponta a música ideal.

Eu não tenho uma grande coleção de músicas para usar nos meus trabalhos; tenho uma específica para cada situação: uma para "abrir o coração", outra para "perder a cabeça", outra para "buscar o enraizamento" ou "a espiritualidade". Nessa medida, vou fazendo a avaliação com as músicas que selecionei. Para outros trabalhos mais específicos, uso música clássica, capoeira, valsa — que ajudam na "abertura do coração" — ou batidas de tambor apropriadas a cada momento. Mais recentemente, adotei o costume de levar uma música particular para cada país onde dou aula, em função do tema proposto e das pessoas com quem vou trabalhar.

O ritmo é extremamente importante: o ritmo da sessão, do grupo e da própria aula. Por isso, sigo esse modelo da curva orgástica do grupo, ou seja, o início tem de ser sensível (sensorial), seguido de um pico, uma descarga motora e, por fim, uma harmonização. Em qualquer lugar onde vá, sigo este padrão: de manhã, ao dar início aos trabalhos com o grupo, coloco músicas de meditação para promover o centramento (*centering*) e o contato consigo mesmo. Esse tipo de melodia permite um movimento de interiorização.

À tarde, quando sinto que a energia caiu, coloco uma música com tambores ou uma capoeira, algo mais tonificado para estimular o enraizamento (*grounding*) e o contato com o chão. Isso desperta a energia latente. No final do dia, costumo usar música clássica de harmonização para incentivar a integração (*facing*) dos conceitos e vivências daquele dia. Assim, eu trabalho sobre as estruturas dos campos energéticos (*centering – grounding – facing*) através de uma leitura constante do grupo.

Em geral, esta leitura é de caráter essencialmente energético — pensar o grupo e não deixar a energia cair —, sendo que até mesmo o fato de se voltar para dentro de si e refletir, longe de induzir a uma queda do vigor, implica muita energia para que se alcance realmente um estado introspectivo, reflexivo e meditativo.

No entanto, em cada país tem um tipo de música e de ritmo diferente. Os estilos não precisam se harmonizar apenas com as necessidades grupais, mas também com as da cultura local, arraigada no indivíduo. Percebi que em Portugal, por exemplo, se eu levasse uma valsa ou uma música muito densa, estaria conduzindo o grupo a um estado por demais depressivo, pois já existe uma certa cultura da melancolia no país. É claro que faço uso de melodias que permitem o contato com a própria essência portuguesa, associada a uma tristeza interior, mas não deixo que se mergulhe e se afogue nessa emoção.

Por outro lado, na Alemanha, sinto necessidade de trabalhar com músicas mais alegres, pois eles gostam de tambores e do ritmo tipicamente brasileiro, que desperta energia. Incluo também melodias de "descarga no pé", que convidam a bater o pé no chão. Os alemães apreciam (e precisam de) movimentação e descarga. Assim, a riqueza e a aprendizagem que emanam de todos esses lugares são extraordinariamente singulares: cada país tem uma identidade própria que fui identificando com o tempo.

Algumas propostas de exercícios

Existem vários meios de conduzir um processo de terapia corporal. Pessoalmente, gosto de empregar uma mistura de psicoterapias do corpo, para desenvolver a expressão corporal por meio de exercícios e trabalhar o caráter.

A meditação, o imaginário e a própria relação com o meu cliente também são aplicações práticas que dão excelentes resultados. Na medida em que eu percebo que o sujeito está precisando de uma expressão corporal, vou construindo com ele uma espécie de arquitetura do corpo: essa ferramenta me aproxima do cerne da questão mais importante para mim, que é aprofundar a compreensão do meu cliente.

Na elaboração da arquitetura do corpo, peço ao cliente que se deite sobre uma folha de papel pardo e chamo outra pessoa para desenhar seus contornos. Explico que essa é a planta baixa do corpo e nós vamos criar a arquitetura do que existe internamente. Nesse exercício, não usamos a palavra, para que não fique muito racional. Esses esboços dão forma a um peso no peito, por exemplo, ou a um aprisionamento na pelve, um braço travado, e tudo isso vai sendo recheado com emoções. Uma vez pronto, esse trabalho permite sentir o lapso, já que todos os exercícios visam corporificar as emoções, sintonizá-las e, por último, encontrar onde está o inconsciente que se expressa na forma de lapso.

Quando o desenho fica pronto, peço licença e trabalho com a procura do seu lapso, isto é, onde a voz do inconsciente está inscrita. Quando destaco, por exemplo, um coração imenso, o indivíduo se dá conta do oco que ficou e eu o oriento a desenhar outro coração com tudo aquilo que não quis mostrar; assim, trabalhamos como se estivéssemos realizando um procedimento cirúrgico naquele corpo de onde surgiu o inconsciente em forma de lapso.

Há outro exercício, o desenho do próprio corpo visto de frente, de perfil e de costas, que se faz em uma folha de papel sulfite. Feito isso, pergunto: "O que te sabota? O que não te deixa ir para a vida? Por que esse corpo sofre sabotagem para ir para vida?"

Uma das minhas alunas respondeu certa vez que o que a travava era o excesso de medo. Eu lhe pedi para desenhar esse medo. Ela fez uma sacola com uma mão onde se lia "HELP". Foi como se estivesse corporificando seu sentimento. Ao abrir aquela sacola, chegamos a uma situação uterina, porque, na verdade, o medo dela era extremamente primitivo.

Esse exercício com desenhos permite desvendar relações de família — por exemplo, numa mesa de jantar, quem senta perto de quem? — ou como o indivíduo sente seu corpo naquele instante, de frente, de costas. De um lado está muito pesado, aterrado, falta-lhe energia; de outro, está mais leve. À medida que vamos desvendando esses aspectos, eu consigo perceber o caráter e confirmar minhas hipóteses a esse respeito.

Também trabalho com gravuras, recortes e colagens.

Para ajudar um cliente a identificar o tipo de parceiro(a) que deseja, peço-lhe que recorte vários perfis de revistas e jornais e os monte em uma espécie de painel.

— Que tipo de companheiro(a) você procura na vida? Por que não chega a essa pessoa?

Ao recortar vários perfis que idealiza, a pessoa consegue perceber que se trata de imaginação, muito distante do mundo real.

— Eu quero um(a) companheiro(a) e não acho.

— Mas que imaginário você tem dessa pessoa?

Com isso, consigo trabalhar a idealização e a consequente frustração gerada quando projetamos nas relações desejos e fantasias.

Durante a pandemia, usei um cabo de vassoura para propor o seguinte exercício: "Em pé, em *grounding*, coloque o cabo de vassoura nos ombros e pense que de um lado você está segurando o seu pai e, do outro, a sua mãe. Como você está se sustentando nesse Édipo?"

Havia quem ficasse pendendo para o lado do pai. Ou da mãe. Era resultado de uma profunda simbiose. Outras pessoas eram puxadas para baixo dos dois lados, como se houvesse uma força empurrando-as para o chão. Eram elas que sustentavam o pai e a mãe. Esse exercício me ajudou muito a trabalhar o Édipo remotamente.

Uso ainda máscaras — essas de avião — para trabalhar a entrega. Com a venda nos olhos, o indivíduo deve ser conduzido por outra pessoa, na qual precisa confiar plenamente. Isso serve para balizar quanto consegue se entregar realmente e quanto é movido pela desconfiança.

Gadgets como os sininhos do amor e do sexo ajudam os clientes a se posicionarem entre um e outro polo, assim como as pequenas lanternas como luzes coloridas, quentes ou frias, direcionam a leitura corporal para as partes do corpo que precisam ser trabalhadas.

Com um quebra-cabeça de madeira eslovaco que ganhei de uma cliente — que eu apelidei de "caixa do sonho" —, faço interpretação de sonhos. A ideia é que o cliente conte seu sonho à medida que vai montando o *puzzle*. Enquanto isso, eu fico atenta às manifestações do inconsciente, que se expressa em forma de lapso e permite desemaranhar uma lógica interpretativa.

Além de fazer anotações, observo a respiração e como o corpo reage durante o relato do sonho. Uma vez pronto o quebra-cabeça, esse sonho aparece como uma narrativa: claro, vívido. A peça que está faltando é o lapso que se manifesta. A partir daí, o cliente deita e trabalhamos esse sonho no corpo.

No começo, essa técnica gera um pouco de ansiedade, porque parece que não vai ter lógica nenhuma. Depois, inesperadamente, a narrativa aparece na sua totalidade e contém todo o sonho, ali projetado. Fica fácil compreendê--lo e distinguir, nessa narrativa, o que o David Boadella denomina "restos diurnos" ou "útero do dia" — isto é, o que o inconsciente percebe no dia a dia, os atos, os pensamentos e os fatos ocorridos à luz do dia — e "útero da noite", a produção do sonho em si.

Ao trabalhar essa técnica, juntamos as duas sensações, dia e noite, para dar vazão à narrativa do sonho e encontrar, como Boadella define, "o fio vermelho para entrar no inconsciente".

A maioria dos exercícios com os quais trabalho é inventada por mim ou adaptada de teóricos com os quais me identifico, como Boadella e Lowen.

Um desses exercícios é o *grounding* na parede, de Lowen. Consiste em apoiar bem a coluna em uma parede, com os dois pés no chão e os joelhos flexionados, e sentar-se como se estivesse numa cadeira. Nessa posição, eu oriento o cliente a fazer força com os pés e se deixar escorregar pela parede até cair sentado no chão.

O importante é se deixar cair: "Sair de si, nascer para si". Pois cair escorregando supõe um movimento de entrega.

Nesse processo de se deixar levar, peço ao cliente que se conecte com as próprias pernas, sinta a força delas e a rigidez demandada para ficar de pé. Depois, ao se deixar escorregar na parede, ele permite que sua alma venha à tona e encarne. Por fim, ele se entrega no chão.

Essa é a atitude que Boadella denominava "postura da alma", por meio da qual se entra na existência. É um exercício de encarnação, um trabalho de *grounding* na existência e de enraizamento na conexão.

Durante esse exercício, eu posso ajudar o cliente estendendo-lhe e mão. Ele pode ficar com o corpo encostado na parede, as pernas fletidas e apoiando-se no meu braço; assim, ele vai escorregando bem devagar, como se estivesse tomando consciência e se entregando a si mesmo.

A importância desse escorregar pela parede está na intenção de se entregar a si mesmo. Não é uma entrega ao mundo, ao chão de uma relação que não é satisfatória. O enraizar de que falamos é um enraizar na transferência com o terapeuta, esse contato que permite a entrega ao próprio corpo e a si mesmo.

Outro exercício ainda é o do nascimento na cadeira — útil, por exemplo, quando o cliente está sufocado, ou muito desconectado de si, e precisa de um renascer. Com esse ritual, ele consegue dar ao seu emocional uma chance de criar novas perspectivas e respirar livremente. É como se fosse um *reset*.

Inicialmente, sentado na cadeira e com a base da coluna apoiada em um travesseiro, o cliente vai pensando no seu renascimento enquanto respira profundamente. Pergunto como foi aquela experiência, onde e como estavam o pai e a mãe dele, que idade tinham e se ele teve um útero quentinho, acolhedor — ou, ao contrário, um útero que o expulsou.

Depois, peço-lhe que feche os olhos e vá trazendo, bem devagar, o travesseiro de trás das costas até o peito, passando por cima da cabeça. É como se ele estivesse envelopado por essa almofada, sentindo toda a coluna no contato com o travesseiro, até trazê-lo para a frente de si.

A sensação é de atravessar uma situação ocorrida e ultrapassá-la. Nesse sentido, é importante sentir o contato do travesseiro por toda a coluna e, também, o nariz roçando o tecido, pois durante o nascimento, o bebê encosta a coluna ao longo de todo o canal uterino, depois levanta a cabeça e esfrega a ponta do nariz na parede do útero.

Em lugar do travesseiro, pode-se usar uma coberta enrolada ou até mesmo um lenço. O objetivo é que esse indivíduo tenha a sensação de percorrer um canal até sair de um lugar escuro e enxergar do outro lado uma nova matriz materna e uma possibilidade de recomeçar. Ao final do exercício, ele vivencia o seu *rebirth*. Nesse caso, não se trata apenas de um nascimento, mas de nascimentos de estados emocionais: recomeçar sem uma depressão, renascer para uma nova relação afetiva.

Se houver espaço e for um grupo, faz-se esse mesmo exercício formando um túnel com várias pessoas enfileiradas, para que o indivíduo passe por dentro dele. Também podemos trabalhar em pequenos espaços ou até dentro do carro.

Durante a pandemia, por exemplo, eu trabalhei com indivíduos que não conseguiam ter privacidade em casa e recebiam atendimento dentro do seu automóvel. É possível trabalhar o corpo mesmo estando sentado. Basta ocupar o assento traseiro do automóvel e fazer esse mesmo exercício, vivenciando o próprio nascimento com auxílio de um travesseiro.

Em resumo, na clínica, qualquer obstáculo — pandemia, falta de espaço, estranhamento sonoro, desconfiança — pode ser revertido em benefício do crescimento do cliente.

Meus companheiros de viagem

" Fui a primeira assistente da Liane na Europa e acompanho o trabalho dela desde as viagens iniciais a Portugal, há mais de 20 anos. Numa de suas aulas inaugurais nesse país onde prevalece uma mentalidade mais conservadora, ela entrou na sala, cumprimentou a todos e perguntou:

— Quem aqui tem orgasmo vaginal?

A resposta coletiva mergulhou o grupo de portuguesas em um silêncio sepulcral. Logo saquei o caderno de anotações e escrevi: "Liane é inquestionavelmente louca". Eu aprendi muito com ela: um dos aspectos a sublinhar é o forte vínculo que consegue criar nos grupos, o "não ter medo" da experiência negativa, dos questionamentos e das histórias instigantes.

Certa vez, nos atrasamos tanto para iniciar os trabalhos com um grupo que, ao chegar, estavam todos furiosos. Liane entrou na sala, ouviu duras críticas, não se abalou, pediu desculpas pelo atraso e deu uma aula brilhante — tão brilhante que aos poucos eles foram se acalmando, satisfeitos — e o curso se estendeu até bem tarde da noite.

Destaco o caso de uma paciente cuja irmã havia se suicidado. Liane lhe perguntou o que mais tinha morrido nela, além da irmã, e ela começou a descrever os seus sentimentos. O grupo lhe deu muito suporte, de tal forma que Liane pôde trabalhar a questão do luto com todos os outros alunos.

Ela começou dizendo que, no Brasil, há um ritual de matriz africana que consiste em ofertar o morto a Iemanjá, um orixá muito poderoso que vive nas águas. Desse modo, o grupo todo foi para a praia, sentou-se na areia e Liane orientou a paciente a entregar simbolicamente a irmã morta ao mar. Naquele instante, uma andorinha branca passou voando. Durante toda a semana, não tínhamos avistado nenhuma ave! Todos se emocionaram e a paciente recuperou um pouco da sua vitalidade.

Em outra situação, Liane tratou de uma mulher cuja mãe quase tinha morrido quando ela nasceu. Anos depois, essa mulher foi abandonada pela própria mãe em um orfanato. Essa paciente carregava uma culpa imensa, apesar de ter cuidado da mãe quando cresceu. Na primeira sessão, Liane trabalhou com a moça carregando simbolicamente o bebê em seu ventre. Na segunda, fez o parto da paciente e se tornou a mãe dela; eu fui a parteira. Foi incrível!

Os trabalhos em grupo são realmente surpreendentes. Liane encontra saídas onde ninguém vê e consegue fazer que todos se conectem com muita intensidade.

Os exemplos são inúmeros: houve um paciente com psoríase cujo caso levou o grupo todo a ajudá-lo a respirar. Foi um renascimento e tanto! Em outra situação, um sujeito muito espiritualizado revelou ter medo de morrer em algum acidente. Liane se aproveitou dessa confissão para tratar das fobias dos demais integrantes do grupo.

Sou testemunha de que ela é, sem dúvida, um canal de conhecimento maravilhoso. Além da sua coerência e do seu amor pela vida, é preciso destacar que Liane gosta muito do que faz. Por isso, trata o trabalho como uma diversão, uma fonte de felicidade. **"**

Suely Freitas
Terapeuta bioenergética e espiritual

" A minha relação com a Liane data de muito tempo. Fui cliente dela nos anos 1990, época em que também fiz uma formação profissional no Ágora. Como o instituto reunia as três escolas da psicoterapia corporal — a biossíntese, a bioenergética e a biodinâmica —, Liane me convidou para me formar em bioenergética, o que me abriu as portas para atuar, mais tarde, como assistente nas próprias turmas de formação, dando aulas, fazendo intervenções e oferecendo acompanhamento às equipes.

Mais tarde, ela tomou a decisão de montar uma formação em biossíntese e também me convidou para participar do curso. Assim, eu trabalhava como assistente no Ágora e era aluno dos cursos de bioenergética e de biossíntese. Por fim, acabei me tornando *local trainer* em ambas as abordagens.

Em 1996, Liane me convidou para acompanhá-la na Alemanha. A partir de então, nossa parceria nos grupos de formação se estendeu por quase duas décadas. Mas essa parceria começou de forma muito engraçada, porque, quando cheguei na Alemanha, descobri que ela não tinha avisado ao grupo que o terapeuta ia mudar. Foi uma história que precisou ser gerenciada com muito tato!

Logo de início, porém, ficou claro para os alunos que aquele era um contato diferente dos outros: na minha posição de terapeuta, eu ficava muito próximo deles, o que me permitiu construir, aos poucos, meu próprio lugar, e um propósito. "

Edson França
Psicoterapeuta corporal, *trainer*
em bioenergética e em biossíntese

❝ Viajar com a Liane sempre teve um quê de processo iniciático. Mesmo já tendo morado em Lisboa e conhecido alguns países da Europa, quando comecei a viajar com ela para dar acompanhamento a grupos, me vi em um outro mundo.

Por meio dos *workshops* e dos grupos, tive a chance de conhecer a cultura de uma nova perspectiva, o avesso do turismo. Diversas histórias, muitas tragédias, conflitos e crenças apoiados em culturas muito diferentes da nossa. Graças ao olhar que ela me emprestou e aos seus comentários, pude apreender aos poucos as sutis mensagens cifradas que cada cultura oferece.

Até agora foram oito viagens. Na primeira, em 2008, eu a acompanhei em um grupo do [terapeuta corporal] Richard Hoffman em Praga, mas primeiro nos encontramos em Paris.

Liane tinha um Congresso da European Association for Body Psychotherapy (EABP) e eu queria desfrutar de uns dias livres na cidade antes de pegarmos o avião para Praga. Durante um passeio, eu a encontrei por acaso na rua e fomos juntos ao Museu Rodin: esse é um dos primeiros momentos mágicos do meu diário de memórias afetivas de viagens com ela.

O museu estava quase fechando, já não dava mais para entrar e nós só tínhamos aquele dia. Eu não sei direito como aconteceu, mas fomos conversando em direção à saída — onde também havia uma loja — e, quando vimos, estávamos lá dentro! Foi muito engraçado! Passeamos pelas obras e descobrimos uma paixão em comum: as histórias de Auguste Rodin e Camille Claudel, a arte, a poesia e a visita a museus, que se tornou constante em todas as nossas viagens.

À noite, o congresso da EABP daria uma festa de confraternização. Eu não estava inscrito, portanto não poderia participar do evento, mas ela conseguiu um ingresso para mim. A festa era numa espécie de cabaré francês, com paredes e sofás revestidos de veludo vermelho, o que criava um ambiente um tanto pitoresco para aquele grupo de participantes que, do alto dos meus 38 anos, aos meus olhos pareciam um grupo de velhos *hippies* europeus animados, com ares de seres extraterrestres. A festa foi muito alegre e, no dia seguinte, pegamos o avião para Praga.

Eu não conhecia Praga, uma cidade realmente muito bonita e impactante. Liane, que a conhecia desde os seus tempos de socialismo, se revelou um excelente guia ao me mostrar seus vários aspectos arquitetônicos e fases históricas: Praga medieval, barroca, *art nouveau*, socialista...

O instituto conduzido por Richard Hoffman é muito organizado. Os alunos são todos psicólogos ou médicos e a maioria já atendia durante o curso. Nessa primeira experiência, tudo foi muito impactante para mim: ver como Liane trabalhava a dinâmica do grupo em tempo integral, observar como ela dava alguns atendimentos mais profundos, participar das aulas e das discussões clínicas — tudo isso foi riquíssimo. O grupo era jovem, embora maduro, e eu me senti muito acolhido por ele.

Em 2009, voltei a Praga com Liane para acompanhar novamente esse grupo — o que foi muito bom, pois já tínhamos um forte vínculo. Era o último ano da formação deles e, como parte da avaliação, tinham de dar atendimento diante dos professores, algo sempre tenso para os alunos. Para mim, porém, a experiência de acompanhar essas sessões, as discussões e a supervisão foi magnífica.

Em 2023, retornei a Praga com Liane para trabalhar com os grupos de Richard Hoffman, e foi emocionante revisitar a cidade e reencontrar algumas pessoas do antigo grupo depois de tanto tempo. Reencontrar a Liane das mil e uma viagens não foi menos revigorante. Andamos por uma cidade muito mais turística, embora Praga tenha questões a resolver por sua proximidade com a guerra da Ucrânia. Após tantos anos, foi emocionante ver novamente a Liane dar suas aulas, visitando cada grupo em seu país de origem. Sua sabedoria, seu manejo e sua praticidade continuam encantadores, embora esse grupo fosse mais complicado, com questões espinhosas da atualidade, alguns alunos problemáticos e outros menos maduros para os atendimentos. Em 2009, também fui para a Alemanha com Liane. Ela estava começando uma nova formação, coordenada pela psicoterapeuta Beate Lehmann, nos moldes do Ágora, o instituto neorreichiano conduzido por ela durante muitos anos no Brasil. Era um grupo de várias idades e formações, algumas pessoas buscando um primeiro contato com a psicoterapia corporal. Dessa vez, o que se destacou para mim foi a diversidade de histórias e corpos sofridos dos alemães, além de vários temas traumáticos. Em 2010, Liane me convidou para acompanhá-la em um grupo dirigido por Rubens Kignel no Japão. Sempre tive uma grande atração pela cultura japonesa, e mais uma vez foi uma experiência mágica estar ao lado dela nessa viagem. Foram dois *workshops* em Tóquio e um em Kyoto. Se em Praga e na Alemanha os alunos falavam inglês, o que facilitava muito a nossa comunicação e independência, no Japão dependíamos totalmente dos coordenadores para as traduções.

Um aspecto engraçado foi Liane enfatizar que, de início, no Japão tudo é muito diferente, de difícil aclimatação. Embora já tivesse visitado o país várias vezes, ela fez um certo terrorismo de veterana, talvez tentando me precaver. Mas eu estava tão encantado com a possibilidade de conhecer o Japão que desejava a experiência o mais radical possível. Assim, sugeri que já em Tóquio ficássemos em um *ryokan*, isto é, uma hospedaria típica japonesa onde se dorme em um *futon* sobre o tatame, se usa quimono e as refeições obedecem aos costumes japoneses.

O *ryokan* ficava em um bairro tradicional de Tóquio, um lugar muito bonito, que nos transportava para o Japão medieval. Ali permanecemos durante toda a nossa estadia em Tóquio. No café da manhã nos serviam picles japoneses, peixe assado, *sushi*, *missoshiro*. Eu estava delirando, exultante de felicidade, mas por volta do terceiro dia Liane me confessou que já não aguentava mais aquela refeição matinal! Rindo muito, fomos procurar uma padaria ocidental para devorar um belo café com leite e um pão com manteiga.

O Japão tem muitas cenas especiais, mas vou me ater a apenas duas: uma experiência clínica que aconteceu no grupo de Kyoto foi tocante para mim. Ali, eu vi a Liane oferecer os mais belos atendimentos, sessões muitas vezes sem palavras, mas com um nível de conexão que eu nunca havia presenciado antes.

Uma das sessões mais belas e intraduzíveis foi com uma aluna japonesa, massagista, que sofria de depressão grave e trabalhou o abandono prematuro da mãe. A cliente passou por várias fases: no início, um congelamento total, depois o derretimento e, em seguida, uma euforia tamanha que se pôs a sugar o dedo da Liane, num gesto de nutrição.

Por fim, ela desabou num choro profundo, seguido de uma longa gargalhada. Inesquecível!

Outra cena surpreendente no grupo de Kyoto eu atribuí ao efeito cumulativo de estar há vários dias no Japão, sob o impacto de vários estímulos estéticos e sensoriais que foram se acumulando no nosso psiquismo. Diariamente, víamos nas lojas, nos restaurantes, nas praças e nas ruas um cuidado estético, uma harmonia, uma gentileza, um perfume, um colorido que se somavam e nos inundavam.

A cena que representou a gota d'água para mim se deu depois de um dia de intensa atividade, quando decidimos jantar todos juntos ali mesmo, no próprio salão de trabalho.

O grupo estava montando as mesas; algumas mulheres organizavam a comida que havia sido comprada e eu ajudava como podia. Por fim, todos nós nos sentamos à mesa e as mulheres começaram a nos servir em *chawans* (tigelas japonesas). Quando uma delas se aproximou de mim, fazendo aquele típico gesto da cultura japonesa para me oferecer a comida, comecei a chorar.

Peguei a tigela e agradeci meio envergonhado, porque eu não conseguia parar de chorar. Até hoje, não sei o que me causou um choro tão profundo — pouco barulhento, mas copioso: era como se algo se tivesse rompido dentro de mim. Liane me olhou e tocou no meu ombro. Penso que ela achava que eu tinha lembrado de alguma coisa ou de alguém, mas eu não conseguia sequer explicar para ela o que estava sentindo. Aquele gesto gentil, carinhoso e estético daquela mulher tinha me fulminado!

Após alguns anos, voltei a viajar com Liane, dessa vez para a Rússia. Aproveitei para me encontrar com David Boadella em Heiden, na Suíça.

Assim como no Japão, a viagem à Rússia foi longa, e passar uma semana em Heiden era algo bem prático. Eu já conhecia o Boadella de alguns congressos, mas ter aulas com ele foi muito especial: o centro de biossíntese se enchia de brasileiros e outros estrangeiros nesses *workshops* e tudo virava uma festa!

Na Rússia, o trabalho foi intenso: dois *workshops* no Instituto de Biossíntese russo e mais um grupo no Instituto de Bioenergética. Além disso, os russos pediram a Liane que fizesse um *workshop* de um dia ou de meio dia para divulgá-lo a novos alunos.

Os grupos eram numerosos, com muitos homens e uma cultura bastante machista. Quando a Liane me convidou, disse que a presença de um assistente do sexo masculino a ajudaria bastante, pois eles eram extremamente confrontadores. Achei que era exagero da parte dela, mas, em seguida, percebi quanto eles me respeitavam apenas por ser um homem. Como sempre, Liane demonstrou ter uma perspicácia cultural aguda!

Fui à Rússia duas vezes, nas quais testemunhei como a Liane administrava a tensão que pairava ao mesmo tempo que desenvolvia um intenso trabalho com o grupo. Diferentemente do Japão ou da República Checa, onde sua doçura e suavidade se destacavam, na Rússia ela tinha de ser muito firme. Algumas vezes, eu a vi colocando alunos no seu devido lugar. Eu assumia uma postura de guarda-costas, tentando dar um suporte de assistente macho, mas, na verdade, quem estava nos protegendo era ela.

Naquela cultura tão dura e machista, me recordo de um padrão de conduta típico: inicialmente, os homens do grupo me olhavam com severidade, me farejando como animais ferozes, e as mulheres mantinham distância de mim. No começo, pensei que havia despertado alguma antipatia, mas Liane me garantiu que eles eram assim mesmo. Eu sustentei o contato, às vezes dei uma prática corporal ou fiz comentários, e aos poucos eles foram se aproximando — e elas também. No último dia, eles estavam rindo comigo, batendo nas minhas costas como amigos fazem e, muito atentos a tudo que eu dizia, me ofertaram uma garrafa de vodca ao final do *workshop*. Penso que eles gostaram de mim! Na verdade, a cultura russa é cheia de histórias violentas e traumáticas, e ficou muito claro que, por baixo daquela desconfiança inicial, havia espaço para o carinho e a pureza no coração do povo russo.

Fiz alguns bons amigos em Moscou.

Na volta da última viagem ao país, passamos por Viena para descansar uns dias antes de pegar o avião para o Brasil. Entre outras coisas, fomos ao museu que um dia foi a casa de Sigmund Freud. Liane, que já tinha estado ali, foi novamente meu guia nessa visita, facilitando mais um *insight* iniciático. Andar pela sala na qual Freud havia feito suas reuniões das quartas-feiras, onde Reich havia estado várias vezes, circular por um lugar tão carregado de narrativas, onde ele possivelmente escreveu boa parte dos seus livros, era ter a sensação de participar da história.

Penso que foi também isto que a Liane me proporcionou durante todas essas viagens: a sensação incrível de estar no mundo, de fazer parte do mundo e de compartilhar o curso da história com os grandes. Ao vivo e em cores. **99**

Fernando Cariello
Psicólogo, supervisor clínico, professor
e terapeuta organizacional

“ Como é bom poder expressar a gratidão que sinto por ter compartilhado momentos incríveis e memoráveis com a Liane! Tive o prazer de trabalhar com ela em Natal, Salvador e São Paulo. No exterior, estivemos na Europa, em Lisboa, em Munique e Coblença, em Moscou e em São Petersburgo, e também em Batumi, na Geórgia.

Posso afirmar que foi um aprendizado diário que ultrapassou as técnicas e acrescentou experiências de vida e cultura. A cada aula, a cada atendimento, a cada ritual, a cada trabalho grupal, cresci muito como profissional e como ser humano. Também pude desbravar lugares indescritíveis e paisagens lindas em cada país que conheci. Foi incrível!

A Liane se conecta com a alma dos alunos e do país em que atua. É uma entrega completa e um aprendizado fabuloso. Fui assistente dela em grupos de formação em biossíntese, bioenergética, grupos de terapia e em palestras.

Recordo-me que tivemos situações inusitadas. Uma delas aconteceu num grupo terapêutico na Alemanha. Fui colocada para trabalhar em um trio que falava somente alemão, e eu tenho apenas um inglês simplório — “the book is on the table…” Foi uma vivência maravilhosa, pois a comunicação não verbal e o campo formado entre nós foram sinérgicos e Liane, claro, aproveitou para dar uma superaula! Ela é mágica e criativa, alegre e cativante. Seu conhecimento é extraordinário.

Em Moscou, sempre ficamos em um pequeno apartamento que já chamamos de “nossa casa”, e as experiências são incríveis nessa cidade. Posso dizer que acompanhar esses grupos com a Liane, durante anos, me fez crescer no campo pessoal e profissional. Aprender o respeito pelo povo e a cultura de um país que nos recebeu de braços abertos é como um presente para a vida!

A Liane distribui seu conhecimento e suas experiências por onde passa. Eu a honro e sou grata por estar ao seu lado, caminhando pelo Brasil e pelo mundo. Posso afirmar que, nas viagens, acordar todos os dias em meio à disposição, o bom humor e a cantoria da Liane é terapêutico para a alma!

Sou muito grata pelo seu carinho, cuidado e parceria sempre. Gratidão, Liane! **"**

Regina Alonso
Psicoterapeuta corporal e *trainer* em biossíntese

❝ Fui convidado pela Liane para participar do livro dela, o que me deixou honrado e muito satisfeito. Difícil compartilhar bons momentos com ela, não pela falta deles, mas porque são muitos nesses 35 anos de amizade. Em 2018, fizemos uma viagem a Dubai, antes de participar de *workshops* na República da Geórgia e na Rússia, junto com a querida amiga Regina Alonso. Passeamos pela cidade; Liane exalava energia e bom humor, algo muito característico nela para quem a conhece bem. Trabalhamos em Batumi, na Geórgia; nos divertimos muito, inclusive durante o trabalho, e comemos vários *kebabs*, nossa paixão. Mas vou dividir algo que foi profundamente marcante para mim. Já em Moscou, depois de mediar um ou dois grupos, Liane devia dar uma palestra sobre sexualidade para pessoas que não eram da nossa área, no domingo pela manhã — assunto no qual, todos sabemos, Liane é *expert*.

Como era o último domingo de viagem, pensei em fazer um passeio por Moscou, algo com que ela, generosamente, concordou. Depois, pensei um pouco melhor e, como não me senti confortável em não estar com ela nesse último evento, fomos para a palestra.

Foi importante eu estar lá por vários motivos, inclusive para presenciar o que vou dividir aqui: em determinado momento, Liane conduzia um grupo de movimento, trabalhando aqueles corpos encouraçados, enrijecidos, desvitalizados por vários motivos culturais, sociais, singulares. As expressões foram ficando leves, alegres, sensuais. Olhei para ela e vivenciei algo diferente: a sensação de que a história passava por ali.

Para ser mais claro, essa mulher maravilhosa é uma desbravadora, carrega consigo a energia de Eros. Ela estava transformando profundamente a vida e a história daquelas pessoas, estava ensinando que a vida pode ser bem maior que os limites de nossas neuroses e psicoses. Foi uma honra e um privilégio estar lá naquele momento. Ele estará vivo em mim durante toda a minha vida. Essa mulher é absolutamente maravilhosa, sofisticada e sábia. Quando penso nela, sinto admiração, respeito, gratidão e amor. Liane Zink mora em meu pensamento e em meu coração, e tem um papel muito importante em minha trajetória. **,,**

Rogério Ziotti
Psicanalista, *trainer* em bioenergética e em biossíntese

❝ Desde o término da minha formação, em 1997, passei a participar de reuniões semanais no Instituto de Biossíntese de São Paulo, dirigidas inicialmente por Liane Zink e Rubens Kignel. Eram momentos importantes, nos quais discutíamos a organização dos grupos de formação, a divulgação da biossíntese, o planejamento de *workshops* e cursos. Muito intenso lembrar dessa jornada de mais de 25 anos, com vários alunos formados, fortes emoções, alegrias e também tristezas, mortes e separações. Um privilégio estar, até hoje, convivendo com sua coragem, entusiasmo e criatividade no Instituto de Biossíntese.

Já estive com a Liane em Natal, Salvador, Vitória e também no exterior — Argentina, Portugal, Espanha, República Checa e Rússia — como assistente em *workshops* nos grupos de formação.

Uma das primeiras fortes impressões que tive ao viajar com ela foi ver a sua expressão de prazer e entrega de corpo em um avião, ao iniciar a decolagem. Uma mulher alada de fato, ávida pela experiência de voar em direção a novas experiências e encontros, como a famosa escultura de Vitória de Samotrácia, que representa a figura feminina com asas, liberdade e coragem.

A primeira viagem para grupos fora do Brasil foi para Praga, em 2000: muito impactante ver os alunos emocionados, no final do *workshop*, afirmarem que sentiram que a Liane enxergava o que estava dentro deles.

A viagem a Moscou, durante o intenso inverno de fevereiro de 2002, foi um longo desafio — que começou com a hospedagem em um bairro da periferia da cidade, em um prédio velho e com portas que lembravam as de um cofre, de onde nos disseram para não sair até que fossem nos buscar para o trabalho. E assim ficamos apenas com o que comer, sem chave, imersos na reflexão sobre a cultura e o passado daquele país onde nos encontrávamos.

Nesse grupo intenso e tenso de Moscou, desde a apresentação, os alunos se mostraram reativos diante da ideia de serem vistos como principiantes. Assim, logo fizeram questão de mostrar quanto já tinham lido e feito cursos na área da terapia corporal.

Liane mostrou sua capacidade de lidar com resistências de grupo e se apresentou de forma mais pessoal; pediu que falassem de sonhos e desejos, mas eles não a atenderam. Durante os dias de *workshop*, ela fez intervenções profundas com alguns alunos. Em um dos trabalhos, uma mulher ficou sufocada na altura da garganta. Liane respirou com ela; tossiram juntas. Com sensibilidade, pediu à aluna que tocasse uma almofada como se fosse uma parte do seu corpo. Ao atender a orientação, ela chorou profundamente, apalpando a barriga, enquanto mencionava a ansiedade da mãe ao falar dos abortos que tinha provocado, chegando a perder uma criança assim que ela nasceu.

Liane me colocou deitada ao lado da aluna, para representar sua irmã morta, e assim ela pôde encará-la e se despedir. Depois, ficou livre para viver a própria vida.

Este atendimento emocionou o grupo todo e liberou muita dor, que devia estar contida na reatividade deles. Terminamos o último dia de *workshop* com abraços e falas pessoais cheias de emoção.

Viajar com a Liane é um mergulho nas experiências profundas dos *workshops* e aventuras durante os passeios. É marcante ver como ela busca inspiração nas caminhadas, na admiração das paisagens e nas manifestações culturais da cidade.

É empolgante ver a recepção calorosa dos grupos de outros estados e países depois de um ano, ao reencontrá-la e, com a mesma sede, voltar a usufruir de todo o seu conhecimento e experiência clínica, em uma atmosfera de alegria e sensualidade.

Durante décadas, ouvi as alunas afirmarem que gostariam de ser mulheres fortes e vitalizadas como a Liane, que agora completa 80 anos. O tema da sexualidade sempre foi o mais solicitado pelos grupos de formação dentro e fora do Brasil. A cada *workshop*, um mergulho na teoria e na prática clínica, por meio de vivências criativas com tintas, tecidos, cordas, elásticos, papéis, lanternas, velas, espelhos, sons ou rostos pintados de branco retratando fortes emoções em uma dança butô: a criatividade da Liane nos *workshops* é impressionante.

Desde 2015, fazemos grupos de formação anuais na Argentina, com intenso envolvimento de todos.

Um dia, em Buenos Aires, caminhando pelas ruas de Palermo, fomos à casa da Martha Berlin. Que prazer testemunhar o encontro emocionado de duas mulheres que se respeitam e admiram profundamente. Martha expressava verdadeiro amor nos olhos diante da presença da Liane e estava feliz com os planos de dar mais um *workshop* no Brasil. Liane transpirava gratidão pela experiência que vivera por anos ao lado de Martha. Um encontro de mulheres sábias para além dos limites do tempo.

Sem outras palavras, devo dizer que o encontro e a convivência com uma profissional, uma parceira e uma amiga como Liane Zink só enriqueceu minha jornada de vida. Gratidão sempre. **”**

Cristina Coltro
International senior trainer em biossíntese

" Na primavera de 2014, recebi um convite surpreendente de Liane Zink, mulher de presença marcante e estatura imponente. Mal sabia eu que aquele convite marcaria o início de uma jornada transformadora em minha vida.

Na estação mais resplandecente do ano, quando a natureza floresce, se colore, renova e renasce, aceitei a proposta: seria sua professora assistente em uma viagem por Portugal e Espanha. Estaríamos lá no carnaval de 2015.

Após essa experiência inaugural, continuamos viajando juntas anualmente, até o *lockdown* da pandemia de covid-19, em 2020.

São quase 20 anos de convivência. Nesse período, recebi três importantes convites de Liane Z: ser uma *local trainer* no Instituto de Análise Bioenergética de São Paulo (IABSP), acompanhá-la nas viagens que fizemos juntas e, agora, a honra de poder fazer este depoimento acerca das nossas experiências.

As pré-viagens têm um sabor gostoso: nos reunimos na casa de Liane Z. para um delicioso almoço, com a presença de Roberto Zink, seu marido, que nos oferece sempre bons vinhos e uma ótima conversa durante a degustação. Passamos horas definindo os *workshops* e as cidades que incluiremos nos dias livres.

Dizem que, para conhecer realmente uma pessoa, você precisa viajar com ela. Pois bem, o meu primeiro impacto em relação a Liane Z. foi acordar em Lisboa com ela cantando uma música de Carlos Gardel e Alfredo Le Pera — *El día en que me quieras* —, enquanto secava os cabelos depois do banho.

Outra curiosidade: todos nós sabemos que ela nunca passa despercebida. No entanto, em nossas conversas descontraídas regadas a café ou vinho (não consigo lembrar quais), ela me confessou se sentir invisível em muitas ocasiões. Invisível, Liane Z.? Quem poderia imaginar tal coisa? É na direção dessa cantora e *invisibilis* que a minha breve escrita os transportará.

Acompanhei, nas nossas viagens, inúmeros trabalhos com alunos relacionados a questões socioculturais reprimidas e suprimidas, que iam além do sentido de um fenômeno de natureza intelectual. Liane Z. os ajuda a criar pontes para um novo direcionamento do olhar e do viver, liberando as dores da alma por meio do seu conhecimento da análise bioenergética de Alexander Lowen, da biossíntese da David Boadella e de tantos outros recursos alinhados, tecidos fio a fio ao seu "arsenal" literário de filósofos, poetas e outros tantos teóricos.

O que realmente me marcou foi sua concepção de ensino abrangente. Ao mesmo tempo que envolve e provoca a todos com suas aulas e palestras, abordando temáticas que apimenta com a teoria psicanalítica e lacaniana e costura com autores psicocorporais, ela se conecta profundamente com suas emoções e traz na fala embargada a integração entre o centro do seu coração e o conhecimento diante da dor. Tudo isto parece ancorar no seu plexo cardíaco e se expandir a cada sofrimento psíquico compartilhado.

Isso sempre desperta mais vibração, admiração, envolvimento, discussão, polêmica e potência na relação com os alunos, e quanto mais ela se põe a desafiar o pensamento antigo — a *old school* —, mais novas respostas e questionamentos brotam entre os alunos, aumentando o desejo deles de tê-la nos cursos.

Em 2023, estivemos no 26º Congresso do International Institute for Bioenergetic Analysis (IIBA) em Vitória, Espírito Santo. Todos presenciaram o magnetismo dela, como um centro universal de energia; muitos queriam tocá-la, tirar *selfies*, publicar no Instagram, ativados em seus próprios centros de energia.

LaZink, assim a chamo, me levou nessas viagens a um novo caminho, ao encontro da formação em terapia somática/biossíntese. Foram as mãos dela que uniram as minhas às de David Boadella, em Hiden, na Suíça. Inesquecível! Ainda em relação à expressão "viaje e conheça a pessoa", cito as conversas noturnas, todas antes de dormirmos. Liane Z. conversa invariavelmente com um dos filhos, Zize, Paula, Eric, ou um dos netos, Mathias, Thomas, Maya, Nina, e com Roberto Z. — com ele, todas as noites, enquanto eu falo com o meu filho Tiago. Todos eles são coviajantes na nossa jornada.

Nós nos alimentamos dos *workshops*, mas também de estarmos juntas, aprofundando a amizade e a intimidade, e descobrimos as nossas peculiaridades, que não são poucas — em uma delas, alugamos carros potentes, colocamos uma *playlist* e traçamos um novo destino.

Confesso que Liane Z. não é a melhor copiloto: distraída, teimosa... Em uma das vezes, fomos salvas pela potência e segurança particular do carro, quando enfrentei a primeira nevasca da vida ao volante. Mas nada disso nos derrubou, deslizamos poucas vezes e conseguimos chegar ao nordeste da Espanha, a linda Zaragoza.

Adoramos catedrais, museus, espetáculos, cultura, regionalidade e os flamencos de tirar o fôlego pela sua beleza e intensidade.

Já temos tradição. Quando estamos em Lisboa, somos convidadas pelas queridas, Claudia Correia e Margaret Anne Bensusan para deliciosos almoços; em Barcelona, a jantares com Gerlinde Buchholz e Paz Cardín. E muitos outros com Montse Baró e Miguel Ángel Rodriguez...

Essa mulher, que pode se achar invisível, usa os olhos e ouvidos não físicos para conectar a alma ao coração, tem a capacidade de salivar nas provocações, confrontar e assegurar que é isso que lhe dá esse raro *label*. Hoje, somos contemplados com seu livro.

Assim como recebi o convite da autora, replico-o aqui: desejo que cada leitor — seja ele aluno, amigo, familiar ou alguém que chegou agora — receba os valores que estão evocados nesta obra, mergulhe em reflexões teóricas, práticas e humanas e deixe seu coração ser tocado.

Obrigada, LaZink! **,,**

Elaine Gloeden
Analista reichiana, especialista
em adolescentes e adultos jovens

Posfácio

" Querida Lica,
    Desde que você me convidou para escrever estas páginas, pensando naqueles anos de Ágora já tão distantes, muitas lembranças me voltaram com o sentimento de que duramos e produzimos muito antes que nossas diferenças e devires se configurassem e se explicitassem. Essa cultura reichiana, ou neorreichiana, praticada em pequenos grupos independentes na Europa ou nos Estados Unidos, instituiu-se no Brasil em 1976, no Instituto Sedes Sapientiae, como você lembra, liderada por Anna Veronica Mautner — uma gaiarsiana de primeira hora que nos agregou, eu, você e outros, como transmissores de algo que estava no ar, trazido por alguns que teriam viajado pelos ambientes onde essa cultura começava a ser praticada. Foi, na verdade, uma primeira resposta a um campo deixado vago pelo Gaiarsa, que passara a fazer sua luta nas mídias, sobretudo na TV.

Ontem, revi a *live*[1] de que participei por ocasião do lançamento, em 2020, do livro *Gaiarsa, 100 anos — O legado de J. A. Gaiarsa para a sociedade e a psicologia*, organizado pela Fernanda Carlos Borges. Lá, eu e André Gaiarsa, cuja memória não pode faltar nessa rememoração do Ágora, compusemos uma cartografia do que era o Brasil que urgia por essa mutação na subjetividade da classe média. Meu texto no livro mencionado se chama 'A mutação da classe

---

1. Disponível em: https://www.youtube.com/live/0ksifr3iT98. Acesso em: 23 maio 2025.

média, a contracultura e a entrada das escolas neorreichianas no Brasil'; o do André foi denominado 'Origens'.

Eu gostaria que seus leitores assistissem a essa *live*. É da maior importância aprender a situar nossa vida e nossas ações nos ambientes psicossociais em que elas se formaram. Nos anos do Ágora, não sem angústia e insatisfação quanto a onde eu teria ido parar depois de tantas rupturas na minha vida com o mundo das aspirações burguesas, fui formando esse olhar histórico sobre o processo assimilativo e simultaneamente colonizado. Refiro-me a essa cultura do corpo subjetivo importada, às vezes antropofagizada, às vezes simplesmente imitada, que constituiu nossa marca Ágora, nesse campo de transmissão da cultura corporalista que se iniciou no final dos anos 1970.

Escrevo sobre minha experiência inicial em meados da década de 1970 em *Do corpo ao livro* (Summus, 2021, p. 25): '[…] desejo evocar tempos mais iniciais, quando se vivia no deserto daquele Brasil tristemente esmagado pela ditadura. Vlado Herzog havia sido assassinado na prisão naqueles anos de 1975. A depressão se instalara na vida das pessoas. Fazia um ano que eu chegara de Londres, onde as terapias e experiências do corpo vicejavam e se cultivava alegria e a verdade emocional que o libertavam dos velhos padrões de comportamento protestantes, formais e repressivos. Um mundo muito diferente do nosso mundo escurecido que lutava com a culpa sexual, o medo da decadência social e o sadismo católicos. Eles no primeiro mundo e nós na terra em transe'.

Mas 'foi Anna Veronica Mautner, em cuja casa nos reuníamos para conversar sobre nossas experimentações com a psicoterapia corporal, que agregou as pessoas em torno de Emilio [Rodrigué] e Martha [Berlin] durante esses anos dessa aventura criativa, clínica, elegante, e profundamente modernizadora' (p. 35).

Por esse canal chega você, Lica, em Sampa, vinda da Bahia, onde vivia esse incrível casal a cujo grupo você pertencia e que te introduz no nosso grupo de ex-gaiarsianos. Em instantes, seu estilo de legítima herdeira de Martha lota seu consultório logo instalado na rua João Pinheiro, onde trabalhávamos eu, Rebeca Berger, Flávio e André Gaiarsa — um pequeno grupo com estilo e personalidade, parceiro ainda dos movimentos estudantis de 1977, que haviam enchido aquela casinha de energia e luta nos tempos de Fábio Landa.

Com a sua chegada, no início dos anos 1980 — quando os anos de chumbo terminavam —, a alegria finalmente toma conta das pessoas que, mesmo não sendo militantes, se contaminaram de liberdade e animação. Abriu-se um campo de transmissão desse saber do corpo. O Partido dos Trabalhadores estava sendo fundado. E as pessoas corriam para o Ágora em busca de um espaço. E nem espaço próprio tínhamos. Usávamos salas dos nossos consultórios, alugávamos salões de hotéis e sítios. O Ágora já era então Regina, Liane e Briganti, contando sempre com André como professor contratado. As diferenças importavam pouco. Compúnhamos uma equipe com muito pique e muita garra para inventar essa composição brasileira que nos diferenciou de tudo mais. Escrevo na página 46: 'O Ágora — Centro de Estudos Neorreichianos […] crescia e agregava pessoas desejosas do alternativo, das práticas de corpo e de grupo, de se expressar corporal e emocionalmente, de viver a experiência do contato corporal, de agregar alguma linguagem psicanalítica e reichiana em seus mundos subjetivos, de armar uma profissão de terapeuta quem sabe. Eram médicos, psicólogos, bailarinos, fisioterapeutas. […] Parecia haver campo para um crescimento de saberes e práticas ligados a um país que voltava a crescer em sua verdade e autoestima'.

Escrevo em 2016 na revista *Ide*, da Sociedade Brasileira de Psicanálise[2]: 'No mesmo início dos anos 1980, a visão da nova subjetividade do capitalismo contemporâneo, trazida da França por Suely Rolnik e Félix Guattari, contaminava muita gente com um sentimento de uma nova vida se fazendo. [...] A narrativa familiar como pano de fundo das nossas vidas evidenciava-se como uma pequena parte da narrativa histórico-mundial e a história social ganhava seu papel na hermenêutica da subjetividade. Uma certa visão do corpo subjetivo no capitalismo industrial e seus efeitos tinha sido descrita por Reich, que foi absolutamente inovador ao relacionar com a repressão sexual a adaptação de indivíduos ao autoritarismo da vida fabril, escolar, religiosa e familiar. [...] a neurose era, para ele, a força motriz da sociedade industrial, em que se produzia uma forma corporal rígida, reprodutora do padrão de funcionamento autoritário aliado ao Estado fascista. A dissolução da couraça muscular do caráter deveria ser o foco das atenções [...] Mas era evidente que deveria haver outra resposta bem diferente, já pressionando por formulação e invenção, que dissesse respeito aos modos de usar o patrimônio biológico e modelar vidas nessa nova realidade mundial que se anunciava. [...] Com a nova conjunção de interesses de mercado e de grandes corporações, agora fundidas internacionalmente, não mais a repressão, mas a falta passa a ser central para a geração do lucro. Tornava-se necessário, então, sensibilizar-se para a nova estratégia, não mais autoritária e repressiva,

2. "Medusas nos mares, corpos na multidão, bombas pulsáteis: uma incursão no campo corporalista". *Ide*, São Paulo, n. 61, v. 38, 2016.

mas sedutora e convidativa do capitalismo de mercado. Nesse momento, tratava-se de lidar com um astucioso combinado da estimulação da falta perpétua com a oferta simultânea da ilusão de completude'.

Rompe-se aqui nosso pacto reichiano, lembra? Já estamos nos anos de 1990. Você viaja com Briganti para a Europa, expandindo o Ágora e seu mundo teórico-metodológico com Boadella e Lowen, e eu sigo em busca de um certo conceito de corpo que caiba no capitalismo mundial integrado. Estudando a esquizoanálise, traduzindo Keleman, visitando-o, trazendo-o, sempre em busca desse corpo autopoiético e sua prática — no caso, formativa. Quando se rompe o laço forte com Keleman, busco cada vez mais a formulação de um processo formativo acontecendo dentro do campo planetário e do mercado. Como Deleuze, que deixava cada vez menos seu pequeno espaço urbano, parisiense no caso, para 'não espantar os devires', me tornei uma pesquisadora (professora e clínica, naturalmente) quase estacionária dentro do Laboratório do Processo Formativo.

Aqui termina nossa história, que milagrosamente se retoma com a morte de Martha. E nos reencontramos. Com a naturalidade e familiaridade de primas pertencentes à mesma tradição Rodrigué-Berlin. Agradeço imensamente esse convite de escrever, juntamente com Briganti, sobre nós e o Ágora. Aceite um grande abraço com toda minha admiração por seu enorme talento e por suas conquistas.

Da sua, Regi. **" "**

Regina Favre
Filósofa, psicoterapeuta e educadora

Glossário

1. **Grounding** — Aterramento, em tradução direta do inglês; técnica de promoção do bem-estar que consiste no contato, direto ou indireto, do corpo com a superfície terrestre.

2. **Follower** — Seguidor, adepto, discípulo.

3. **Cáritas** — Fundada em 1956, é um organismo da Conferência Nacional dos Bispos do Brasil (CNBB) que integra uma ampla rede de organizações-membro reunidas em torno da Cáritas Internacional (*Caritas Internationalis*), regida pela doutrina social da Igreja e sintonizada com os imperativos da solidariedade. No Brasil, sua origem advém da ação mobilizadora de Dom Hélder Câmara, ex-secretário-geral da CNBB.

4. **Trainer** — Em bioenergética, é o título dado ao professor que está apto a dar aula em qualquer lugar.

5. **Sponsor** — Patrocinador.

6. **Concierge** — Preceptor.

7. **Timing** — Expressão emprestada do inglês que pode ser traduzida como o momento ideal para que algo aconteça ou seja feito.

8. **Turning point** — Divisor de águas, momento de profunda mudança.

9. **Environment** — Meio, ecossistema.

10. **Landscape** — É a arquitetura de uma existência, com todas as construções dos afetos e a percepção das dores e alegrias que compõem a paisagem da vida. Mais a respeito do conceito na página 231 e subsequentes.

11. Healing — Cura.

12. **Banco da bioenergética** (*stool*) — Material criado por Lowen para exercícios bioenergéticos.

13. **Couraça** — Energia congelada na musculatura e no psiquismo; contenção emocional. Tensões musculares crônicas advindas de situações de estresse intenso e prolongado, às quais o indivíduo foi submetido ao longo de seu desenvolvimento psicossexual. Identificam-se sete segmentos de couraça muscular — cervical, peitoral, diafragmático, abdominal, ocular, oral e pélvico —, cada qual receptáculo da história emocional do indivíduo.

14. **Shape do corpo** — Definição da forma do corpo dada pela construção das defesas caracteriológicas.

15. **Ectoderma, endoderma, mesoderma** — A embriogênese, processo em que ocorre o desenvolvimento do zigoto para formar um novo indivíduo, situa a formação dos folhetos germinativos, também chamados de folhetos embrionários, na fase de gastrulação. É quando as células começam a se diferenciar, formando os folhetos germinativos ectoderma, endoderma e mesoderma. Eles são os primórdios de todos os tecidos e órgãos. Ectoderma é o folheto mais externo (*ecto* = fora); reveste o embrião e dá origem ao sistema nervoso central e periférico, à epiderme e às estruturas associadas, como pelos e unhas. O mesoderma é o folheto germinativo intermediário (*meso* = meio) e dá origem a cartilagens, ossos, músculos, sistema cardiovascular, ovários, testículos e sistema urinário. O mesoderma preenche todos os espaços entre o ectoderma e o endoderma. O endoderma, por fim, é o folheto mais interno (*endo* = dentro). Dá origem ao revestimento epitelial dos tratos gastrointestinal e respiratório, às glândulas salivares, tireoide, timo, fígado e pâncreas.

16. Vazamento energético — Os sintomas de trauma transgeracional, expressos em sensações corporais, ficam presos em pensamentos trágicos, do tipo "vou ter um câncer e vou morrer". Com isso, a energia não circula no centro do corpo, vaza para fora e cria sintomas.

17. Teatro particular de Anna O. — Anna O. é o pseudônimo dado a Bertha Pappenheim pelo médico Josef Breuer, que a tratou entre 1880 e 1882 em Viena. Bertha tinha um intelecto poderoso, dotes poéticos e imaginativos aguçados e inquestionável bom senso. A despeito da sua vitalidade intelectual, Breuer reconhecia nela uma noção de sexualidade muito subdesenvolvida. Bertha levou uma vida monótona no ambiente familiar de mentalidade puritana, o que propiciou a sua doença. Entregou-se a devaneios sistemáticos que chamava de "teatro particular". Sua doença se manifestou como uma psicose, degenerando em distúrbios da fala (parafasia), graves perturbações da visão, paralisias e sonambulismo, entre outros sintomas crônicos. Anna também alternava estados de consciência, em que se mostrava triste e angustiada, com períodos de alucinações e agressividade.

Referências

BAKER, Elsworth Fredrick. *O labirinto humano: as causas do bloqueio da energia sexual*. São Paulo: Summus, 1980.

BÉJIN, André. "Crepúsculo dos psicanalistas, manhã dos sexólogos". In: ARIÉS, Philippe; BÉJIN, André (orgs.). *Sexualidades ocidentais*. 3. ed. São Paulo: Brasiliense, 1987.

BOADELLA, David. *Nos caminhos de Reich*. São Paulo: Summus, 1985.

_____. *Correntes da vida: uma introdução à biossíntese*. São Paulo: Summus, 1992.

"EMBODIMENT, embryology and Eros". *Energy & Character: International Journal of Biosynthesis*, v. 33, Heiden, 2004.

FERRI, Genovino. *O tempo no corpo: ativações corporais em psicoterapia*. Curitiba: Appris, 2022.

FIORINI, Hector. *Teoria e técnica de psicoterapias*. São Paulo: Martins Fontes, 2013.

GENTIS, Roger. *Lecciones del cuerpo: ensayo crítico sobre las nuevas terapias corporales*. Barcelona: Flammarion, 1980.

GREEN, André. *Narcisismo de vida, narcisismo de morte*. São Paulo: Escuta, 1988.

HALBERSTADT-FREUD, Hendrika. "Electra cativa — Sobre a simbiose e a ilusão simbiótica entre mãe e filha e as consequências para o complexo de Édipo". *Revista Brasileira de Psicanálise*, v. 35, n. 1, p. 143-168, 2001.

JOHNSON, Stephen M. *Character styles*. Nova York: W.W. Norton, 1994.

KELEMAN, Stephen. *Anatomia emocional*. São Paulo: Summus, 1992.

KHUN, Thomas S. *A estrutura das revoluções científicas*. São Paulo: Perspectiva, 2020.

LINGIARDI, Vittorio. Diagnóstico e destino. Belo Horizonte: Âyiné, 2021.

LIPOVETSKY, Gilles. *O império do efêmero: a moda e seu destino nas sociedades modernas*. São Paulo: Companhia das Letras, 1998.

LOWEN, Alexander. *Bioenergética*. 12. ed. rev. e atual. São Paulo: Summus, 2017a.

_____. *Narcisismo: a negação do verdadeiro self.* São Paulo: Summus, 2017b.

_____. *Prazer: uma abordagem criativa da vida.* 9. ed. rev. e atual. São Paulo: Summus, 2020.

_____. *O corpo traído.* 8. ed. rev. e atual. São Paulo: Summus, 2022a.

_____. *Medo da vida: caminhos da realização pessoal pela vitória sobre o medo.* 11. ed. rev. e atual. São Paulo: Summus, 2022b.

_____. *O corpo em terapia: a abordagem bioenergética.* 12. ed. rev. e atual. São Paulo: Summus, 2024.

MAHLER, Margaret S.; PINE, Fred; BERGMAN, Anni. *O nascimento psicológico da criança: simbiose e individuação.* São Paulo: Zahar, 1977.

MATOSO, Eliana (org.). *El cuerpo in-cierto: arte/cultura/sociedad.* Buenos Aires: Letra Viva, 2010.

MCDOUGALL, Joyce. *Teatro do eu.* Rio de Janeiro: Francisco Alves, 1989.

NASCIMENTO, Périsson D. da. *Do trauma encarnado à biopatia: a clínica do sofrimento orgânico.* Curitiba: Appris, 2016.

REICH, Wilhelm. *The bioelectrical investigation of sexuality and anxiety.* Nova York: Farrar, Straus and Giroux, 1983.

_____. *Análise do caráter.* 3. ed. São Paulo: Martins, 2020.

SANDLER, Joseph J.; DARE, Christopher; HOLDER, Alex. *El paciente y el analista.* Buenos Aires: Paidós, 1973.

SCIALOM, Melina. *Laban plural: arte do movimento, pesquisa e genealogia da práxis de Rudolf Laban no Brasil.* São Paulo: Summus, 2017.

"SENSIBILITY, dream and dance". *Energy & Character: International Journal of Biosynthesis.* v. 36, Heiden, 2007.

SHARAF, Myron R. *Fury on earth: a biography of Wilhelm Reich.* Nova York: St. Martin's Press/Marek, 1983.

SONTAG, Susan. A doença como metáfora. Porto Alegre: Graal, 2000.

TEIXEIRA, Ricardo Rodrigues. "As dimensões da produção do comum e a saúde". *Saúde e Sociedade*, v. 24, supl. 1, abr.-jun. 2015. Disponível em: https://doi.org/10.1590/S0104-12902015S01003.

THESENGA, Susan. *O eu sem defesas*. São Paulo: Cultrix, 2015.

WEIGAND, Odila. *Grounding e anatomia: a terapia corporal bioenergética revisitada*. 2. ed. São Paulo: Zagodoni, 2018.

WINNICOTT, D. W. *O brincar e a realidade*. Rio de Janeiro: Imago, 1975.

_____. *Da pediatria à psicanálise: obras escolhidas*. Rio de Janeiro: Imago, 2000.

Agradecimentos

Quero inicialmente agradecer à minha família, que soube entender a importância do presente trabalho para mim: meu marido Roberto; meus filhos Anelise, Ana Paula e Eric, que me deram grande suporte durante as minhas ausências. Agradeço também a todos que estiveram ao meu lado nesta aventura: Luzia Dourado, Mila de Freitas, Tomiko Utsumi, Léia M. Cardenuto, Zoca Freire, Karin de Marval, Cristina Coltro, Esther Frankel (*in memoriam*), Paulo de Tarso, Maria Ercília Rielli, Sueli Lelis, Maria Cristina Francisco, Maria de Fátima F. Teixeira, Sandra Freitas, Regina Alonso, Laine Pizzi, Ana Silvia Paula, Suely Freitas, Regina Favre, Fernando Cariello, Edson Galrão de França, Elaine Gloeden, Rogério Ziotti e Tarcila de Castro (Sushma).

Meus sinceros agradecimentos à minha terapeuta Valéria Pelosi Salles, que tanto me incentivou na direção da realização deste trabalho, à colega Maya Hantower, que gentilmente me ajudou na revisão técnica dos textos, e a Miriam Schuartz, pelas suas sugestões.

Um especial agradecimento à Martha Berlin (*in memoriam*), minha grande terapeuta e professora, aquela que me ensinou a ser mulher.

leia também

CORRENTES DA VIDA
Uma introdução à biossíntese
David Boadella

David Boadella sintetiza neste livro 25 anos de trabalho terapêutico baseados em Reich e nas correntes dele derivadas. Biossíntese significa "integração da vida", e seu conceito central tem por base a existência de correntes energéticas fundamentais no organismo humano, também denominadas "fluxos vitais". A obra apresenta o que existe de mais revolucionário na psicologia somática.

ISBN 978-85-323-0262-5

BIOENERGÉTICA
Alexander Lowen

Aqui, Alexander Lowen explica as bases da terapia bioenergética. Nessa abordagem, usa-se o corpo para compreender a mente. Partindo da estreita ligação entre processos físicos e mentais, Lowen desenvolveu exercícios especiais para dissolver essa tensão, integrando os níveis emocional, físico e psíquico num todo coerente e pleno.

ISBN 978-85-323-1086-6

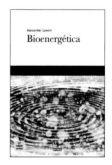

O CORPO NO LIMITE DA COMUNICAÇÃO
Rubens Kignel

A obra mostra como as relações não verbais produzem comunicação entre as pessoas, estabelecendo transformações possíveis por meio do corpo, fenômeno que o autor denomina "ressonância não consciente". Relacionando conceitos da neuropsicologia, da psicoterapia somática e da biossíntese com experiências clínicas, Kignel analisa a complexidade dessas relações.

ISBN 978-85-323-0228-1

www.gruposummus.com.br